AF391181

CATALOGUE

DES BIBLIOTHÈQUES

DE

MM. MOSSION, SALMON

ET AUTRES

D'ANGERS

CE CATALOGUE SE TROUVE :

A Angers, chez MM. { MARIE, commissaire-priseur, place St-Martin.
{ COSNIER ET LACHÈSE, imprimeurs-libraires.

Prix : 1 fr.

NOTA. Ce Catalogue sera adressé *franco*, par la poste, sur toute demande faite au commissaire-priseur et accompagnée de timbres-poste d'une valeur de 1 fr. 50 c.

CATALOGUE

DES

BIBLIOTHÈQUES

DE

MM. MOSSION

Chanoine de l'église cathédrale d'Angers

SALMON

ancien Greffier du Tribunal civil de la même ville

ET AUTRES

VENTE A ANGERS (MAINE ET LOIRE)

Le lundi 26 novembre 1860 et jours suivants

A 6 HEURES 1/2 DU SOIR

SALLE DES VENTES MOBILIÈRES, RUE DU GRAND-TALON, No 14

par le ministère de

Mº AUGUSTE MARIE, COMMISSAIRE-PRISEUR A ANGERS

PLACE SAINT-MARTIN

ANGERS

COSNIER ET LACHÈSE, IMPRIMEURS-LIBRAIRES

—

1860

Les livres dont nous publions le catalogue proviennent
de diverses origines parmi lesquelles nous citerons seu-
lement la succession de M. l'abbé Mossion, chanoine de
l'église cathédrale d'Angers, et celle de M. Salmon, ancien greffier du tribunal civil de la même ville. Les premiers se reconnaîtront au chiffre (1) placé après la description de chaque numéro, et le*second*par le chiffre (2)
suivant chaque article.

Le motif de cette distinction s'explique naturellement;
il pourrait sembler étrange, en effet, de rencontrer dans
la bibliothèque d'un ecclésiastique, d'une mémoire juste-
ment honorable, des livres qui peuvent figurer sans incon-
vénient dans celle d'un laïc, collectionneur par goût et
amateur de belles éditions.

Cette observation faite, nous livrons ce catalogue au
public, sans aucun commentaire. Quoique sortant de nos
attributions, nous avons donné tous nos soins à ce tra-
vail, puisse-t-il être favorablement accueilli des amateurs,
tel est notre désir.

Le Commissaire-Priseur,

MARIE.

Exposition publique :

Chaque jour de vente, de 1 heure à 3 heures de l'après-midi, les livres composant la vacation seront, dans l'ordre de leur mise à l'enchère, exposés à la salle de vente, rue du Grand-Talon, n° 14.

TABLE DES VACATIONS DE VENTE

Au commencement de chaque vacation il sera vendu un certain nombre de livres en lots, et *plusieurs ouvrages importants*, qui nous étant parvenus trop tard, n'ont pu être compris dans le catalogue.

CONDITIONS DE LA VENTE

Les acquéreurs paieront comptant, entre les mains de M⁰ Marie, commissaire-priseur, le prix de leurs adjudications, plus cinq centimes par franc, applicables aux frais de la vente.

Les livres devront être collationnés sur place dans les vingt-quatre heures de l'adjudication ; passé ce délai, ou une fois sortis de la salle de vente, ils ne seront repris pour quelque motif que ce puisse être.

Les articles au-dessous de 5 francs ne seront dans tous les cas, admis à aucun rapport.

Nota. *Le commissaire-priseur chargé de la vente fera remplir les commissions qui lui seront adressées.*

CATALOGUE

DES BIBLIOTHÈQUES

MM. MOSSION, SALMON

ET AUTRES.

THÉOLOGIE.

I. ÉCRITURE SAINTE.

1. Bibles entières et livres séparés.

1. Biblia Sacra... *Antuerpiæ ex officina Plantiniana*, 1605, in-4°, v. ant.

   Manque le titre.

2. Biblia Sacra, Vulgatæ editionis Sixti V jussu recognita atque edita. *Coloniæ Agrippinæ, sumpt. Gualteri*, 1630, in-12, mar. vert, tr. et fil. dor. (1).

   Exemplaire de l'évêque Ch. Montault.

3. La Sainte Bible, contenant l'Ancien et le Nouveau Testament en latin et en françois, avec des notes par Lemaistre de Sacy. *Paris, Desprez*, 1742, 21 vol. in-12, v. ant.

   Manque le tome 3°.

4. Sainte Bible en latin et en françois, avec des notes littérales,
des préfaces et des dissertations tirées du Commentaire de
D. Calmet, de de Vence, etc. *Paris, Boudet, et Avignon,
Mérande*, 1767-73, 17 vol. in-4º, bas., *cart. et fig.* (1).

   Manque le tome 15ᵉ.

5. Sainte Bible en latin et en français, avec des notes, des préfaces et des dissertations tirées du Commentaire de D. Calmet,
de l'abbé de Vence, etc. *Paris, Méquignon*, 1820-24, 25 vol.
in-8º, br.

6. La Bible qui est toute la Sainte Écriture, du Vieil et du Nouveau Testament. *Amsterdam, Vᵉ Schippers*, 1678, in-12, rel.
anc. chag. noir, fermoirs argent.

7. La Bible, traduction de la Vulgate, par Lemaistre de Sacy.
Nouv. éd. ornée de figures gravées sur acier (Ancien et Nouveau Testament). *Paris, imp. Guirodet et Jouaust*, 1834-36,
4 tom. en 3 vol. gr. in-8º, d.-rel. chag. noir. *fig.* (2).

8. Biblia Sacra (texte allemand, suivi des psaumes notés). *Amsterdam, Gravius*, 1795, in-12, mar. rouge, tr. dor.

9. Le Nouveau Testament de N. S. Jésus-Christ, traduit sur la
Vulgate par Lemaistre de Sacy. *Paris, F. Didot*, 1817, in-8º,
v. rac.

10. La Genèse, trad. en françois (par Lemaistre de Sacy). *Paris,
Roulland*, 1683, in-8º, v. ant.

11. L'Exode et le Lévitique, trad. en françois (par Lemaistre de
Sacy). *Lyon, Anisson*, 1683, in-8º, bas.

12. Les Nombres, — le Deutéronome, trad. en françois (**par**
Lemaistre de Sacy). *Mons, Migeot*, 1685, 2 vol. in-8º, bas.

13. Josué, les Juges et Ruth, trad. en françois (par Lemaistre de
Sacy). *Paris, Desprez*, 1687, in-8º, v. ant.

14. Daniel, — Esdras et Nehémias, trad. en françois (par Lemaistre de Sacy). *Paris, Desprez*, 1691-95, 2 vol. in-8º, v. ant.

15. L'Ecclésiaste de Salomon, — Cantique des Cantiques, trad.
en françois (par Lemaistre de Sacy). *Paris, Savreux-Desprez*,
1690-94, 2 vol. in-8º, bas.

16. Paraphrase sur Job, par le P. Senault. *Paris, Camusat,* 1639, in-12, bas. rac.

17. Les Psaumes, trad. en françois, avec des notes et des réflexions, par le P. Berthier. *Paris, Merigot,* 1785, 8 vol. in-12, bas. *portr.* (1).

18. Le Psautier en français, par Laharpe. *Lyon, Guyot,* 1818, in-12, br.

19. Le même ouvrage. *Paris,* 1820, in-12, bas. rac.

20. Les Psaumes, traduction nouvelle par E. Genoude. *Paris, Le Clére,* 1819, in-8°, br.

2. Dictionnaires, Concordances, Commentaires et Abrégés Bibliques.

21. Le grand dictionnaire de la Bible, ou explication littérale et historique de tous les mots propres du Vieux et du Nouveau Testament... enrichi d'une introduction à l'Écriture Sainte et d'une chronologie sacrée, par Simon. *Lyon, Certe,* 1703, 2 vol. in-fol. v. ant. (1).

22. Herméneutique sacrée, ou introduction à l'Écriture sainte, par H. Janssens, trad. par Pacaud. *Paris, Blaise,* 1828, 2 vol. in-8°, d.-rel. (1).

23. Concordantiæ maiores Sacræ Bibliæ, summis uigiliis iam denuo omnes editiones castigatæ. *Lugduni apud Seb. Gryphium,* 1545, in-4°, bas., *pap. réglé* (1).

24. Commentaire littéral sur la Sainte Bible, contenant l'Ancien et le Nouveau Testament, inséré dans la traduction françoise, par le P. de Carrières. *Paris, Moreau,* 1741, 12 vol. pet. in-12, v. ant. (1).

    Manque le tome 2°.

25. Explication littérale de l'ouvrage des six jours (par Du Guet), *Bruxelles, Foppens,* 1731, pet. in-8°, v. ant.

26. Concordance des quatre Evangélistes, d'après Carrières, par l'abbé Pouchet. *Toulouse, Douladoure.* 1829. in 12, br.

27. Réflexions spirituelles du P. Berthier. *Paris, Merigot,* 1790, 5 vol. in-12, bas. (1).

28. Abrégé de la Sainte Bible, par dom R. Guérard, bénédictin. *Paris,* 1739, in-12, bas.

29. La Sainte Bible de Carrières, extraits historiques et moraux, avec notes apologétiques, par M. H. Bernier. *Saumur, Godet,* 1844, 6 vol. in-12, **br**.

30. Histoire de la Bible, contenant le Vieux et le Nouveau Testament, par Martin, enrichie de plus de 350 fig. en taille douce. *Amsterdam, Marten-Schagen,* 1724, in-4°, d.-rel., *fig.*

II. LITURGIE.

31. Explication des cérémonies de l'Eglise, par dom de Vert. *Paris, Delaulne,* 1709-10. Les 2 premiers vol. gr. in-8°, v. ant., *fig.* (1).

32. Instructions sur le rituel, par Joly de Choin. *Besançon, Moutarsalo,* 1826, 6 vol. in-8°, d.-rel.

33. Instructions sur le rituel de Langres, par le cardinal de **La** Luzerne, rev. et aug. par l'abbé Affre. *Paris, Mequignon,* 1835, 3 vol. in-12, d.-rel. (1).

34. Heures imprimées par l'ordre de Mgr le cardinal de Noailles. *Paris, Herissant,* 1768, in-12, v. marb., tr. dor.

35. Missale Andegavense, C. Montault auctoritate editum. *Andegavi, Mame,* 1826, in-fol., mar. rouge, fers et tr. dor. (1).
    Bel exemplaire sur papier velin collé, orné de nombreuses et belles gravures d'après Blaisot, Thouvenin et autres.

36. Breviarium Romanum... *Parisiis, Le Clère,* 1857, 4 part. en 4 vol. in-8°, chag. noir, tr. dor. (1).

37. Breviarium Andegavense. *Parisiis, Delespine,* 1717, 4 vol. in-8°, v. ant.

38. Paroissien des dames pieuses. *Angers,* 1837, 2 vol. in-12, v. rouge.

III. SS. PÈRES.

39. Bibliothèque choisie des Pères de l'Église, grecque et latine,
par Guillon. *Paris, Méquignon-Havard*, 1824-28, 26 vol. en
13 tom. in-8º, d.-rel. mar. rouge (1),
> Bon exemplaire d'un ouvrage estimé à juste titre.

40. Les Confessions de saint Augustin, trad. avec des notes par
Du Bois. *Paris, Coignard*, 1731, in-12, v. ant.

41. Les Soliloques, les Méditations et le Manuel de saint Augustin, trad. par le P. Régnier. *Paris, Pepie*, 1691, in-8º, v. ant.

IV. THÉOLOGIENS.

1. Théologie dogmatique, Dictionnaires et Traités.

42. Bibliothèque Sacrée, ou dictionnaire universel des sciences
ecclésiastiques, par les PP. Richard et Giraud. *Paris, Méquignon*, 1822-27, 29 vol. in-8º, d.-rel. (1).

43. Dictionnaire de Théologie, par l'abbé Bergier. *Besançon,
Chalandre*, 1826-27, 8 vol. in-8º, d.-rel. (1).

44. Theologia moralis, Alph. de Ligorio, editio nova, emen-
data. *Mechliniæ, Hanicq*, 1828-29, 8 vol. in-8º, d.-rel. (1).

45. Compendiosæ institutiones Theologicæ. *Pictavii, Faulcon*,
1753, 6 vol. in-8º, br.

46. Institutiones Theologiæ... contraxit Collet. *Lugduni, Bruyset*, 1768, 7 vol. in-12, bas. (1).

2. Théologie morale.

A. Instructions pour les Confesseurs, Cas de conscience.

47. Traité historique et dogmatique du secret inviolable de la
Confession, par Lenglet du Fresnoy. *Paris, Hochereau*, 1715,
in-12, v. ant.

48. Conduite des Confesseurs dans le tribunal de la pénitence,

selon les Instructions de St Charles Borromée et la doctrine
de St François-de-Sales. *Paris*, *Delusseux*, 1740, in-12,
v. ant.

49. Méthode pour la direction des âmes dans le Tribunal de la
pénitence. *Metz, Collignon*, 1809, 2 vol. in-12, bas. (1).

50. Dictionnaire portatif des cas de conscience (par Morenas).
Lyon, Bruyset, 1759. 2 vol. in-8º, bas. (1).

51. Théologie morale (dite de Grenoble), ou résolutions de cas de
conscience (par Genet). *Paris, Hérissant*, 1771, 6 vol. in-12,
v. marbr. (1).

B. Mélanges de Théologie morale.

52. Les Provinciales ou lettres écrites par Louis de Montalte
(Pascal), à un provincial de ses amis, et aux RR. PP. jésuites.
Cologne, Schoute, 1669, pet. in-12, d.-rel. v. (2).
Édition qui se joint à la collection des Elzeviers.

53. Lettres écrites à un provincial par Blaise Pascal, précédées
d'une notice par M. Villemain, *Paris, Emler*, 1829, in-8º, d.-
rel. v. violet (2).

54. Mandemens de messire H. Arnauld, évêque d'Angers, avec
les instructions de saint Charles Borromée. *Angers, Avril*,
1683, in-4º, v. ant. (1).

55. Conférences ecclésiastiques du diocèse d'Angers, nouv. ed.
Paris, Gaume. 1829-30, 16 vol. in-8º, d.-rel. mar. rouge (1).

56. De la Religion catholique, considérée comme condition in-
dispensable au bonheur des peuples par d'Exauvillez. *Paris,
Gaume*, 1831, in-8º, d.-rel. (1).

57. Explication de l'Allégorie prophétique, contenue dans le ju-
gement de Salomon, par Cadart. *Epernay*, 1816. — Ceinture
des Patriarches, par Taillardat. *Paris*. 1808. — Abrégé de la
doctrine de la vraie Religion chrétienne, d'après Swedenborg.
Paris, 1820, en 1 vol. in-8º, bas. rac. (1).

58. L'homme connu par la révélation, par l'abbé Frère. *Paris,
Gaume*, 1837, 2 vol. in-8º, d.-rel. (1).

59. Lettre de Sir Léopold, gentilhomme anglais, sur sa conversion. *Paris*, 1824. — Lettre de Haller, même motif. *Paris*, 1821. — Lettre de M. Laval, ci-devant ministre, à ses anciens co-religionnaires. *Paris*, 1823, etc., en 1 vol. in-8º, bas (1).

3. Théologie catéchétique.

60. Catechismus ad ordinandos juxta doctrinam, Catechismi concilii Tridentini. *Parisiis, Coignard*, 1706, in-12, v. gran.

61. Catéchisme de Montpellier (corrigé par Berger de Charancy). *Rouen, Machuel*, 1782, 3 vol. in-12, bas. (1).

62. Instructions générales en forme de catéchisme, car. par Bernard de Charancy, évêque de Montpellier. *Avignon, Aubanel*, 1807, 3 vol. in-12, bas.

63. Explication du catéchisme, par l'abbé Guillois. *Le Mans et Paris*, 1853, in-12, br. (1).

64. Le bon Catéchiste, par De la Palme, évêque d'Aoste. *Lyon, Rusand*, 1819, 2 vol. in-12, br.

65. Entretiens familiers en forme de Catéchisme, d'un curé de campagne avec la jeunesse, trad. de l'allemand, 3e éd. *Lyon, Rusand*, 1819, 4 vol. in-12, br.

66. Instruction de la jeunesse ou la piété chrétienne, par Gobinet. *Evreux* (1847), in-8º, br.

4. Théologie parénétique.

67. De la meilleure manière de prêcher, par le S... *Lyon, Baritel*, 1700, pet. in-12, carton. (1).

68. Maximes sur le ministère de la chaire, et discours académiques, par Gaichies. *Paris, Estienne*, 1743, in-12, bas. marb. (1).

69. Dictionnaire apostolique à l'usage des curés et de ceux qui se destinent à la chaire, par de Montargon. *Paris, Méquignon fils*, 1822, 15 vol. in-12, d.-rel. (1).

70. Sermons du P. Bourdaloue. *Paris, Rigaud*, 1716-78, 16 vol. gr. in-12, y comp. 2 de tables, bas. rac. (1).

71. Œuvres complètes de Massillon, évêque de Clermont. *Paris, Méquignon*, 1822-25, 15 vol. in-12, bas. rac. (1).

72. Œuvres choisies de Massillon, précédées d'une notice sur sa vie et ses ouvrages. *Paris , Delestre-Boulage* , 1823-25, 6 vol. in-8º, d.-rel., v. brun, *portr.* (2).

73. Sermons sur les évangiles de l'Avent et du Caresme, par Massillon. *Trevoux, Ganeau*, 1740, 5 vol. in-12, v. ant.

74. Instructions sur le Symbole, par Jos. Lambert. *Paris , Lottin*, 1728, 2 vol. in-12, v. gran.

75. Instructions courtes et familières sur le Symbole (par le même), *Paris, Lottin*, 1741, 2 vol. in-12, bas. (1).

76. Sermons, par le P. Giroust. *Toulouse, Sens*, 1771, 3 vol. in-12, bas. ant.

77. Sermons sur divers sujets , prêchés devant le roi par le P. Soanen. *Lyon , Benoit-Duplain*, 1779, 2 vol. in-12, bas. rac. (1).

78. Petit Carême, en forme d'homélies, par l'abbé Reyre. *Paris et Avignon*, 1809, 2 vol. in-12, br.

79. Sermons du P. Lenfant, jésuite , prédicateur du roi. *Paris, Sajou*, 1818, 8 vol. in-12, br., *portr.*

80. Sermons pour les principales fêtes de l'année, par de Marolles. *Paris, Crapart*, 1786, 2 vol. in-12, v. marb. (1).

81. Plans de discours... sur les vérités de la religion, par l'abbé Lacoste. *Dijon, Lagier*, 1830, 3 vol. in-12, bas. rac. (1).

82. Sermons de Richard. *Paris, Le Clère*, 1822, 4 vol. in-12, d.-rel., *portr.* (1).

83. Sermons et discours inédits, de M. de Boulogne , évêque de Troyes. *Paris, Le Clère*, 1826, 4 vol. in-8º, d.-rel., mar. bleu (1).

84. Sermons du R. P. Maccarty. *Lyon et Paris*, 1835, 3 vol. in-12, br. (1),

85. La raison philosophique et la raison catholique, conférences
prêchées en 1851 par le P. Ventura de Raulica. *Paris, Gaume,*
1851, in-8º, br. (1).

86. Sermons pour les jeunes dames, par J. Fordyce, traduits de
l'anglois. *Paris, Estienne,* 1778, in-12, bas. (1).

87. La tribune sacrée, écho du monde catholique. *Paris,* 1846-
51, 6 vol. gr. in-8º, br. et en livraisons.

5. Théologie mystique.

A. Ouvrages divers.

88. Les Œvvres du bienhevreux François de Sales, ou est adious-
tée la Vie de ce parfaict prélat, par le P. Talon, etc. *Paris,
Dallin,* 1647, 2 vol. in-fol., anc. rel., v. marb.

89. Pratique de la perfection chrétienne, du P. Rodriguez, trad.
par l'abbé Régnier Desmarais. *Lyon et Paris,* 1830, 6 vol. in-
12, d.-rel. (1).

90. Les tableaux de la pénitence, par Godeau. *Paris, Courbé,*
1662, in-4º, v. ant., *fig. d'après Chauveau* (2).

91. L'Évangile médité et distribué pour tous les jours de l'année,
par Giraudeau, pub. par d'Icart Duquesne (*Paris, Berton,* 1773),
12 vol. in-12, v. gran.

92. La voix du bon pasteur, instructions courtes et familières,
par l'abbé Parel. *Lille, Lefort,* 1842, 2 vol. in-12, br.

93. Le missionnaire catholique, ou instructions familières sur la
religion. *Paris, Guerbart,* 1798, in-8º, bas. rac. (1).

94. Pensées sur les plus importantes vérités de la religion, par
le P. Humbert. *Paris,* 1826, in-12, bas. rac.

95. Le bonheur de la mort chrétienne, retraite de huit jours (par
le P. Quesnel). *Beauvais, Courtois,* 1698, in-12, v. ant.

96. Traittez sur la prière et sur les dispositions pour offrir les
SS. mystères (par Polier). *Paris, Estienne,* 1707, 2 tom. en
1 vol. in-12, v. (1).

97. Réflexions chrétiennes, par le P. Croiset. *Lyon et Paris*, 1823, 2 vol. in-12, bas. rac.

98. Retraite spirituelle, par le P. Croiset. *Lyon et Paris*, 1822, 2 vol. in-12, bas. rac.

99. De la connoissance de Jésus-Christ. *Angers, Fourier-Mame*, 1812, 2 vol. in-12, bas. marb.

100. Les souffrances de N.-S. Jésus-Christ, par le P. Thomas de Jésus, trad. du portugais par le P. Alleaume. *Lyon, Bruyset Ponthus*, 1767, 2 vol. in-12, bas. ant.

101. Le dimanche, par F.-J. Le Courtier. *Paris, Le Clère*, 1838, in-8º, br.

102. Traité de la lecture chrétienne, par dom Jamin. *Paris, Bastien*, 1774, in-12, v. marb. (1).

B. Règles et devoirs des prêtres.

103. Le livre de S. Grégoire-le-Grand, du soin et du devoir des pasteurs (trad. par Le Clère). *Lyon, Certe*, 1690, in-12, bas. (1).

104. Conférences sur les devoirs des ecclésiastiques, par le P. de Tracy. *Paris, Berton*, 1768, in-12, bas. (1).

105. Miroir du clergé, 6e éd. *Lyon*, 1816, 2 vol. in-12, br.

106. Essai sur la conduite des prêtres, par Coste. (*Vienne*) 1801, in-8º, bas. rac. (1).

107. Abrégé des principes de morale et des règles de conduite qu'un prêtre doit suivre pour bien administrer les Sacrements. *Poitiers, Barbier*, 1819, in-12, bas. rac. (1).

108. L'esprit du sacerdoce, ou réflexions sur les devoirs des prêtres, par M. l'abbé Harel. *Paris, Méquignon*, 1824, 2 vol. in-12, br. (1).

109. Correspondance d'un ancien directeur de séminaire avec un jeune prêtre. *Lyon, Lesne*, 1842, in-12, br.

6. Théologie polémique.

A. Vérité de la Religion chrétienne.

110. Pensées de Blaise Pascal. *Paris, Nyon,* 1783, in-12, bas.
rac. (1).

111. Les mêmes Pensées, suivies d'une table analytique. *Paris,
Emler,* 1829, in-8º, d.-rel., v. violet (2).

112. Œuvres complètes de Bossuet, évêque de Meaux. *Paris,
Lefèvre, imp. F. Didot,* 1836, 12 vol. gr. in-8º, à 2 col., br.,
portr.
> Edition très estimée, exemplaire non coupé.

113. Œuvres choisies de Bossuet. *Versailles, Lebel,* 1821-23,
26 vol. in-12, d.-rel., bas. (1),
> Edition la plus complète et la plus correcte des OEuvres choisies
> de Bossuet.

114. Histoire de Bossuet, par le cardinal de Bausset. *Versailles,
Lebel,* 1821, 4 vol. in-12, d.-rel., bas. (1).

115. Méditations sur les principales véritez chrectiennes et ecclésiastiques..., par Beuvelet. *Lyon, Goy,* 1674, in-4º, bas. (1).

116. Traité historique et dogmatique de la vraie religion, par
l'abbé Bergier. *Paris, Moutard,* 1780, 12 vol. in-12, v.
marb. (1).

117. Défense du christianisme, par Frayssinous. *Paris, Le Clère,*
1825, 4 vol. in-12, bas. rac.

118. Le même ouvrage. *Autre exemplaire,* d.-rel. (1).

119. La raison du christianisme, ou preuves de la vérité de la
religion... pub. sous la direction de M. de Genoude. *Paris,
Sapia,* 1835, 12 vol. in-8º, d.-rel. (1).

120. La religion prouvée par la révolution, par l'abbé Clausel de
Montals. *Paris, Egron,* 1816, in-8º, bas. rac. (1).

121. Cours de lectures sur les vérités importantes de la religion,
3e éd. *Lyon, Pélagaud,* 1841, 2 vol. in-12, br.

122. Essai sur l'indifférence en matière de religion, par de La

Mennais. *Paris, Tournachon-Molin,* 1820-23, 4 vol. in-8º, bas.
rac. (1).

123. Défense de l'essai sur l'indifférence en matière de religion,
par de La Mennais. *Paris, Méquignon,* 1821, in-8º, bas. rac. (1).

124. Antidote contre les erreurs et la réfutation de l'essai sur
l'indifférence en matière de religion, par Baston. *Paris et Besançon,* 1823, — Réfutation de la doctrine contenue dans le
second vol. de l'essai... par M. N... *Paris,* 1821, — Lettre
à M. de La Mennais, par l'abbé Bataillé. *Paris,* 1821, en 1 vol.
in-8º, bas. rac. (1).

125. Lettre à l'abbé de La Mennais. *Paris,* 1826, — Observations
sur l'ouvrage du même, intitulé : De la religion. *Paris,* 1826,
— Dernières observations sur le dernier ouvrage du même.
Paris, 1826,—Réflexions sur les écrits du même. *Paris,* 1826.
— etc., en 1 vol. in-8º, bas. rac. (1).

B. Défense de la Religion catholique. — Incrédules.

126. Pensées théologiques relatives aux erreurs du temps, par
le P. Jamin. *Bruxelles,* 1776, in-12, bas. (1).

127. Lettres de quelques juifs, par l'abbé Guénée, 9e éd. *Paris,*
Méquignon, 1817, 3 vol. in-12, br.

128. Les mêmes lettres. *Paris,* 1826, 5 vol. in-16, d.-rel. (1).

129. La sainte Bible vengée des attaques de l'incrédulité, par
l'abbé du Clot. *Paris, Rusand,* 1824, 6 vol. in-8º, d.-rel., bas.
verte (1).

130. Erreurs de Voltaire, par l'abbé Nonnotte, *Besançon,* 1818,
3 vol. in-12, br.

131. Anti-dictionnaire philosophique (par Chaudon), 4e éd. *Paris,*
Bastien, 1771, 2 vol. in-8º, v. marb.

132. Le déisme réfuté par lui-même, par Bergier. *Paris, Hum-
blot,* 1768, 2 part. en 1 vol. in-12, v. ant.

133. Catéchisme philosophique, par Flexier de Reval (Feller).
Liége et Bruxelles, 1773, in-8º, bas. rac. (1).

134. La raison par alphabet, par Voltaire. *S. L.* 1769, 2 vol.
in-8º, anc. rel., v. porph.

JURISPRUDENCE.

I. DROIT CIVIL.

1. Droit français et étranger.

A. Généralités, Dictionnaires.

135. De l'esprit des lois (par Montesquieu). *Amsterdam et Leip-sick, Arkstée et Merkus*, 1764, 4 vol. in-12, v. ant.

136. Principes élémentaires de législation universelle, par Des-triché de la Barre. *Angers, Mame*, 1819, in-8°, bas. rac. (1).

137. Manuel de droit français, par Paillet. *Paris, Desoer*, 1832, gr. in-4°, d.-rel. (2).

138. Dictionnaire des Codes français, ou manuel du droit, par Teulet. *Paris, Plon*, 1836, gr. in-8°, à 2 col., br.

139. Dictionnaire de législation usuelle, par de Chabrol-Chaméane, *Paris*, 1835. 2 vol. in-4°, br.

140. Dictionnaire du contentieux commercial, par Devilleneuve et Massé. *Paris*, 1839, très gr. in-8°, br.

141. Constitution de l'Angleterre, par de Lolme. *Genève et Paris, Buisson*, 1787, 2 vol. in-8°, v. marb., *portr.*

142. Règles du droit anglais, par Daligny, avocat à la Cour im-périale d'Angers. *Paris, Mame*, (18...) in-8°, br.

B. Droit coutumier et Codes.

143. Recueil des priviléges de la ville et mairie d'Angers, rédigé par Robert. *Angers, Barrière*, 1748, in-4°, bas.

144. Principes et texte des coutumes d'Anjou et du Maine, par Trottier. *Angers, Mame*, 1783, 2 vol. in-12, bas.

145. Commentaires sur la coustume du comté et pays de Poitou... recueillis par Pierre Liége. *Poitiers, Courtois*, 1645, in-4°, bas.

146. Code Civil, contenant la série des lois qui le composent avec leurs motifs. *Angers, Mame, ans XI-XII*, 5 vol. in-8°, d.-rel. (1).

147. Le Code Civil, commenté dans ses rapports avec la Théologie morale. *Paris, Belin-Mandar*, 1828, in-16, bas. rac. (1).

148. Concordance entre les Codes civils étrangers et le code Napoléon, par Anthoine de Saint-Joseph. *Paris, Hingray*, 1840, in-4°, br. (1).

149. Code des notaires publics. *Paris, imp. Didot jeune*, 1792, 3 tom. en 1 vol. in-12, bas.

150. Les loix des bâtiments, par Desgodets, avec les notes de Goupy, 1748, in-8°, bas.

151. Traité de la Crue des meubles, par Boucher d'Argis. *Paris, Saugrain*, 1768, in-8°, bas.

152. Code vicinal, pub. par le Cte O'Donnell, annoté par M. Vatout. *Paris*, 1836, in-12, br.

153. Les lois rurales de la France, par Fournel. *Paris, Bossange*, 1820, 2 vol. in-8°, br.

154. Commentaire sur le Code forestier, par Garnier-Dubourgneuf et Chanoine. *Paris, Kleffer*, 1829, in-12, br.

155. Essai sur la puissance paternelle, par Chrestien de Poly. *Paris, Egron*, 1820, 2 vol. in-8°, v. rac.

C. Droit administratif.

156. Aperçus des progrès administratifs introduits dans les services départementaux de 1830 à 1845, particulièrement dans l'Aveyron, par M. de Guisard. *Paris, Paul Dupont*, 1846, in-8°, br.

157. Recueil méthodique des lois, ordonnances, règlements.. des écoles primaires, par M. Allard. *Paris, Paul Dupont*, 1843, in-8°, br.

158. Formulaire municipal, par Miroir. *Paris et Grenoble, Baratier*, 1829-33, les 4 pr. vol. en 8 part. in-8°, br.

> L'ouvrage comprend 10 parties ou 5 vol., le dernier manque à cet exemplaire.

159. Album et annuaire municipal, par Miroir. *Grenoble et Paris*, 1836, in-8°, br.

160. Des contraventions, des délits et des peines, ou législation en matière de simple police, etc., par Miroir. *Paris et Grenoble*, 1834, 2 vol. in-8°, br.

161. Mémorial des percepteurs et des receveurs des communes, hospices, etc., publ. par Durieu. *Paris*, 1848, in-8°, br.

162. Manuel des droits de timbre et d'enregistrement pour les maires, percepteurs, etc., par de Saint-Genys. *Paris, Roret*, 1836, in-8°, br.

II. DROIT CANONIQUE.

163. Dictionnaire de droit canonique et de matière bénéficiale, par Durand de Maillane. *Lyon, Duplain*, 1776, 5 vol. in-4°, bas. marb.

164. Histoire de l'origine et du progrès des revenus ecclésiastiques par J. Acosta. *Utrecht, Boxtel*, 1697, pet. in-8°, v. ant.

165. Les vrais principes de l'Église gallicane, sur le gouvernement ecclésiastique, la papauté, la promotion des évêques, etc., par Frayssinous. *Paris, Le Clère*, 1826, in-8°, v. rouge fers dor. (1).

166. De l'élection et de la nomination des évêques. *Paris, Bricon*, 1831, in-8°, d.-rel. (1).

167 Recueil de décisions importantes sur les obligations des Chanoines. *Paris, Guérin*, 1746, in-12, bas. (1).

168. Institutions diocésaines, par l'évêque de Digne. *Paris, Lecoffre*, 1845, in-8°, br. — Acta et decreta concilii Turonensis, *Turonibus typis Mame*, 1851, in-8°, br. — Statuts et règlements du diocèse de Quimper, 1852. in-12, br. — Instruction synodale de l'évêque de Poitiers, 1856, in-12, br. (1).

169. Traité de l'administration temporelle des paroisses par l'abbé Affre. *Paris, Le Clère*, 1835, in-8°, d.-rel. (1).

SCIENCES ET ARTS.

I. SCIENCES PHILOSOPHIQUES.

1. Introduction, Généralités.

170. L'école d'Athènes, ou tableau des variations et contradictions de la philosophie ancienne, par Riambourg. *Paris, Bricon*, 1829, in-8°, d.-rel. (1).

171. Histoire des Sept Sages, par de Larrey. *Rotterdam, Fritsch et Bohm*, 1714, in-12, v. ant.

172 Philosophes des trois premiers siècles de l'église, par l'abbé Nonnotte. *Besançon, Gauthier*, 1819, in-12, bas. (1).

173. Songes philosophiques, par l'auteur des lettres juives (le Mis d'Argens). *Berlin, suivant la copie originale*, 1746, in-12, v. ant.

174. L'oracle des nouveaux philosophes, pour servir de suite et d'éclaircissement aux œuvres de M. de Voltaire (par l'abbé Guyon). *Berne*, 1760, in-12, v. ant.

175. Les lois de la nature dévoilées, ou explication des lois établies par le Créateur, pour donner le mouvement et la vie, par J. M. Huet. *Londres, Dulau et Nardini*, 1800, in-8°, d.-rel. mar. rouge, *fig.* (1).

Bel exemplaire sur fort papier vélin collé.

176. Histoire de la Société domestique, ou influence du Christianisme sur la famille, par l'abbé Gaume. *Paris, Gaume*, 1844, 2 vol. in-8°, d.-rel. (1).

177. Accord de la religion et des cultes chez une nation libre, par de Moy. *Paris, an IV*, in-8°, d.-rel. (1).

178. Spiritualisme et progrès social, esquisses du temps présent, par Mazure. *Paris, Delloye*, 1834, in-8°, br.

179. Philosophie du XIXe siècle, étude encyclopédique sur le monde et l'humanité, par Guépin. *Paris, Sandré*, 1854, in-8°, d.-rel. chag. vert.

180. Profession de foi du XIXe siècle, par Eug. Pelletan. *Paris, Pagnerre*, 1854, in-8°, d.-rel. chag. grenat.

181. Les lois de Dieu et l'esprit moderne, issue aux contradictions humaines, par Ch. Richard. *Paris, Pagnerre*, 1858, in-12, d.-rel.

2. Philosophie générale et Mélanges.

182. Œuvres complète de Sénèque le philosophe, trad. nouv., par Ajasson de Gransagne, Baillard, Charpentier et autres, pub., par du Rozoir (avec le texte). *Paris, Panckoucke*, 1834, 8 vol. in-8°, d.-rel. chag. grenat (1).

183. Œuvres philosophiques, morales et politiques de F^{ois} Bacon, avec notice, par Buchon. *Paris, Desrez*, 1836, gr. in-8°, à 2 col. d.-rel. (1)

184. Œuvres complètes d'Helvétius. *Paris, imp. de P. Didot*, 1795, 14 vol. in-18. carton. (2).

185. La clef des sciences et des beaux arts, ou la logique (par Cochet). *Paris, Hérissant*, 1757, in-12, v. ant.

186. De l'enseignement philosophique, de l'abbé Bautin, dans ses rapports avec la certitude. *Paris, Gaume*, 1833, in-8°, d.-rel. (1).

187. Fragmens philosophiques, par Gibon. *Paris, Hachette*, 1836, in-8°, d.-rel. (1).

188. Essais scientifiques par Victor Meunier. *Paris*, 1857, 2 vol. in-12, d.-rel.

189. De la Superstition et de l'enthousiasme, par l'abbé Pluquet, *Paris, Le Clère*, 1806, in-12, bas. rac. fil. dor. (1).

3. Questions diverses et Traités spéciaux.

190. Introduction à la connoissance de l'esprit humain (par Vauvernargues). *Paris, Barrois*, 1781, in-12, v. marb. (1).

191. Essai sur l'origine des connaissances humaines (par Condillac). *Amsterdam, Mortier*, 1746, 2 tom. en 1 vol. in-12, bas. rac. (1).

192. Recherches philosophiques sur les premiers objets des connaissances morales, par M. de Bonald. *Paris*, *Le Clerc*, 1818, 2 vol. in-8°, bas. rac. (1).

193. Caractère des passions au physique et au moral, par Vernier. *Paris, Clavelin*, 1807, 2 vol. in-8°, d.-rel. bas.

194. L'art de connoistre les hommes, par de la Chambre. *Amsterdam, Jacques le Jeune*, 1669, pet. in-12, v. ant.

195. L'art de se connoitre soy-même, par Abbadie. *Rotterdam, Renier Leers*, 1710, 2 part. en 1 vol. in-12, v. (1).

196. La jouissance de soi-même, par le Mis Caraccioli. *Liège, Bassompierre*, 1767, in-12, bas. (1).

197. Essai sur le caractère, les mœurs et l'esprit des femmes dans les différents siècles, par Thomas. *Paris, Moutard*, 1775, in-8°, br.

4. Morale.

A. Moralistes et Mélanges.

198. Pensées morales de Cicéron, trad. par Levesque. *Paris, Didot aîné*, 1782, in-16, mar. rouge, filet tr. dor., *armes* (2).
Joli exemplaire de la collection de moralistes dédiée au roi.

199. Essais de Michel de Montaigne, édition selon l'orthographe de l'auteur, avec les notes de tous les commentateurs... *Paris, Tardieu-Denesle*, 1828, 6 vol. in-8°, d.-rel., v. rose, *portr.* (2).

200. De la sagesse, III livres, par Pierre Charron, suivant la vraye copie de Bourdeaux. *Amsterdam, Louys et Dan. Elzevier*, 1662, Pet. in-12, v. citron, fil. et tr. dor. *(Blaise)* (2).
Joli exemplaire avec le frontispice. — Le feuillet 193-194 refait à la plume à l'imitation parfaite des caractères d'imprimerie.

201. Réflexions ou sentences et maximes morales de La Rochefoucauld, avec un examen critique par Aimé Martin. *Paris, Lefèvre*, 1822, in-8°, v. vert., *portr.* (1).

202. Les caractères de Labruyère suivis des caractères de Théo-

praste, traduits du grec par le même, avec une notice sur Labruyère, par Simonnin. *Paris, Emler,* 1829, 2 vol. in-8º, d.-rel.
v. violet (2).

203. La morale universelle, ou les devoirs de l'homme fondés
sur sa nature, par le baron d'Holbach. *Tours et Angers,*
1792, 3 vol. in-8º, bas. rac. (1).

204. L'école des mœurs, par l'abbé Blanchard. *Lyon, Bruysset,*
1788, 3 vol. in-12, bas.

205. Pensées philosophiques, morales et politiques (par Dorville.)
Paris, 1768, in-12, v. marb. (1).

206. L'ami des vieillards, par l'abbé Roy. *Paris, imp. de Mon-
sieur,* 1784, 2 tom. en 1 vol. in-16, v. ant., *pap. vélin* (2).

207. L'hermite de la Chaussée-d'Antin (par M. de Jouy). *Paris,
Pillet,* 1813-14, 4 vol. in-12, bas. rac., *fig.* (1).

208. Dictionnaire des gens du monde, par un jeune hermite.
Paris, Darne, 1821, in-12, br.

209. Méditations d'Hervey, trad. par Le Tourneur. *Paris, Lejay,*
1771, 2 part. en 1 vol. in-12, bas. (1).

210. Cent pensées d'une jeune Anglaise (mistriss Gillet), publ. en
anglais et en français, par Lemierre. *Paris, Cordier et Legras,*
1802, in-16, d.-rel., chagr. grenat, *cart et fig.* (2).

211. Le spectateur, ou le Socrate moderne, trad. de l'anglais,
d'Addisson, Steele, etc.. *Amsterdam, Mortier,* 1714, in-12,
v. ant.

212. Le même ouvrage. *Paris, Robustel,* 1754-55, 9 vol. in-12,
bas. (1).

213. L'espion français à Londres, ou observations critiques sur
l'Angleterre et les Anglais, par Goudar. *Londres,* 1780, 2 tom.
en 1 vol. in-12, bas. (1).

5. Applications de la Morale.

A. Pédagogie.

214. Dictionnaire historique d'éducation, par Filassier. *Paris,
Méquignon,* 1784, 2 vol. in-8º, bas.

215. Traité complet d'éducation physique, intellectuelle et morale, par Rey et Barré. *Paris, Dezobry et Magdeleine*, 1852, gr. in-8°, d.-rel., chagr. puce, 8 *pl.*

216. Le génie de la révolution considéré dans l'éducation, ou mémoires pour servir à l'histoire de l'instruction publique, depuis 1789 jusqu'à nos jours (par Fabri). *Paris, Le Normant,* 1817-18, 3 vol. in-8°, bas. rac. (1).

217. Cours complet d'instruction à l'usage des jeunes demoiselles, par Galland. *Paris, Eymery,* 1825, 6 vol. in-12, br.

218. Eraste, ou l'ami de la jeunesse, par l'abbé Filassier. *Paris, Vincent,* 1790, 2 vol. in-8°, bas., *fig.*

219. Le même ouvrage. *Alais, Martin, et Avignon, Aubanel,* 1818. 2 vol. in-8°, br., *cart. et fig.*

220. Le même ouvrage. *Paris, Boiste,* 1828, 2 vol. in-8°, d.-rel. mar. violet, *cart. et fig.* (1).

221. Les écoles royales de France, ou l'avenir de la jeunesse, par Alex. Saillet. *Paris, Lehuby,* 184... gr. in-8°, carton. l. *fig.* (2).

222. Le jeune ouvrier, revue publ. sous la direction de l'abbé Le Boucher. *Angers, Lainé,* 1856-59, 3 années complètes formant 3 vol. in-8°, en livr.

B. Politique et Économie politique.

223. Les soirées de Saint-Pétersbourg, ou entretiens sur le gouvernement temporel de la Providence, suivis d'un traité sur les sacrifices, par le comte Jos. de Maistre. *Paris, Cosson,* 1821, 2 vol. in-8°, bas. rac., *portr.* (1).

224. Des corps politiques et de leurs gouvernements (par le président de Lavie). *Lyon, Duplain,* 1767, 3 vol. in-12, bas. gran.

225. Essai sur la nature du commerce en général (par de Cantillon). *Londres, Fletcher,* 1755. In-12, v. aut.

226. Remarques sur plusieurs branches de commerce et de navigation (par d'Heguerty). *S. L.,* 1757, in-8°, v. ant.

227. Considérations d'économie publique sur le commerce des grains, par D. Z. *Paris, Delaunay,* 1822, in-8°, br.

228. Sur l'administration de M. Necker, par lui-même. *Paris*,
1791, in-8°, v. marb.

> Livre curieux par la vive spontanéité de défense du célèbre ministre,
> et la précipitation des imprimeurs, qui se révèle par la différence des
> caractères employés et l'incorrection du texte.

229. Procès-verbaux des séances du Conseil général de Maine-et-
Loire, années 1840 à 1859 ; manquent 1851-54 et 56, 17 vol.
in-8°, br.

230. Asile rural d'enfants trouvés, par Savardan. *Paris*, 1848,
in-12, br.

231. Recueil de mémoires sur les établissements d'humanité.
Paris, *Agasse*, *an* VII, 19 livr. in-8°, br.

232. Les prisons de Paris ; histoire, types, mœurs, mystères, par
MM. Alhoy et L. Lurine. *Paris*, *Havard*, 1846, gr. in-8°, d.-rel.,
chagr. vert, *illustrations* (2).

II. SCIENCES PHYSIQUES ET CHIMIQUES.

1. Physique.

233. La clef de la science, ou les phénomènes de tous les jours
expliqués par le Dr Brewer. *Paris*, *Renouard*, 1855, In-12,
d.-rel., chagr. vert.

234. Leçons de physique, par l'abbé Nollet. *Paris*, *Durand*, 1761,
6 vol. in-12, v. ant., *fig*.

235. Le même ouvrage. *Paris*, *Durand*, 1771-80, 6 vol. in-12,
v., *fig*. (1).

236. Fisica animale et vegetabile del Spallanzani. *In Venezia*,
1801, 2 vol. in-12, br.

237. Description et usage d'un cabinet de physique expérimen-
tale, par Sigaud de la Fond. *Tours*, *Letourmy*, *an* IV, 2 vol.
in-8°, bas., 51 *pl*.

238. Traité de l'électricité, par Sigaud de la Fond. *Paris*, 1771,
in-12, br., *fig*. — Exposition de la théorie de l'électricité et
du magnétisme, d'après Æpinus, par l'abbé Haüy. *Paris*, 1787,
in-8°, br., *fig*.

239. Précis historique et expérimental des phénomènes électri-
ques, par Sigaud de la Fond. *Paris*, 1785, gr. in-8°, v. 10 *pl.*

240. Des pierres tombées du ciel; Lithologie atmosphérique, par
Isarn. *Paris, Delalain, an* XI (1803), in-8°, carton., *non rogné.*

241. Recréations physiques de Model, trad. par Parmentier. *Paris,
Monory,* 1774, 2 vol. in-8°, br.

242. Nouvelles récréations physiques et mathématiques, par
Guyot. *Paris, an* VII, 3 vol. in-8°, br., *fig.*

243. Instruction pratique sur le magnétisme animal, par Deleuze.
Paris, Dentu, 1825, in-8°, br.

1. Chimie.

244. Dictionnaire de chymie, par Macquer. *Paris, Didot,* 1778,
3 vol. in-8°, bas. (1).

245. Elémens de chymie théorique et pratique, par Macquer.
Paris, Hérissant, 1751-56, 3 vol. in-12, br., *fig.*

246. Elémens d'histoire naturelle et de chimie, par de Fourcroy.
Paris, Cuchet, 1786, 4 vol. in-8°, v. marb.

247. Traité de chimie élémentaire, théorique et pratique, par
Thénard. 4e éd. *Paris, Crochard,* 1824, 5 vol. in-8°, br. 33 *pl.*

248. Chimie organique appliquée à la physiologie végétale et à
l'agriculture, par Liébig, trad. par Gerhardt. *Paris, Fortin,*
1841, in-8°, d.-rel.

249. Opuscules chymiques de Margraf. *Paris, Vincent,* 1762,
2 vol. in-12, v.

III. SCIENCES NATURELLES.

1. Dictionnaires et Généralités.

250. Dictionnaire d'histoire naturelle, avec le supplément, par
Valmont de Bomare. *Paris, Lacombe,* 1768, 7 vol. in-8°,
v. ant.

251. Le même dictionnaire. *Paris, Brunet,* 1775, 9 vol. gr. in-8°,
v. marb.

252. Dictionnaire portatif d'histoire naturelle. *Paris, Bauche*, 1763. 2 vol. in-8°, v. ant.

253. Manuel d'histoire naturelle, comprenant les trois règnes de la nature, par Boitard. *Paris, Roret*, 1827, 2 vol. in-12, br., *fig.*

254. Le cabinet d'histoire naturelle, par Boitard. *Paris, Audot*, 1821, 2 vol. in-16, br., *fig.*

255. Le jardin des plantes, description complète du muséum d'histoire naturelle, de la ménagerie, des serres, des galeries de minéralogie et d'anatomie, et de la vallée Suisse, par Bernard, Couailhac, Gervais et Lemaout. *Paris. Curmer*, 1842-43, 2 vol. gr. in-8°, d.-rel., mar. grenat, *fig.* (2).

   Magnifique ouvrage enrichi de portraits gravés au burin, de plans et de nombreuses figures gravées et coloriées.

2. Œuvres comprenant les diverses parties de l'Histoire naturelle.

256. Histoire naturelle de Pline, trad. nouv. par Ajasson de Gransagne, annotée par Beudant, Brogniart, Cuvier, Daunou, etc. *Paris, Anckoucke*, 1829-33, 20 vol. in-8°, d.-rel , chagr. grenat (1).

257. Œuvres d'histoire naturelle et de philosophie, de Bonnet. *Neufchatel, Fauche*, 1779, les 3 prem vol. in-4°, br., *fig.*

258. Histoire naturelle, par Buffon. *Paris, an* VII à 1802, 76 vol. in-16, d.-rel., *fig. et cart.* (1).

   Cette édition, mise en ordre par Lacépède, se décompose ainsi : Matières générales, 26 vol. — Quadrupèdes, 14 vol, — Quadrupèdes ovipares et serpents, 4 vol. — Oiseaux, 18 vol. — Cétacés, 2 vol.— Et oiseaux, 14 vol.

259. ŒUVRES COMPLÈTES DE BUFFON, mises en ordre et précédées d'une notice historique par Richard, suivies de 4 vol. sur les progrès des sciences physiques et naturelles depuis 1789 jusqu'à 1828, par Cuvier. *Paris, Delangle frères, imp J. Didot*, 1827-28. 36 vol., y compris 2 de pl., d.-rel., v. fauve, *fig.*

   Edition la plus belle et la plus estimée des œuvres du célèbre naturaliste, enrichie de 200 pl. coloriées avec le plus grand soin. Exemplaire de choix, sur papier cavalier vélin, non rogné.

260. Les œuvres complètes de Buffon mises en ordre et précédées d'une notice historique par Richard. *Paris, Pourrat,*
1833-34, 20 vol. in-8°, d.-rel., v. brun, *fig. color.* (2).

261. Les mêmes œuvres, avec les suites et 300 vignettes dessinées par Victor Adam. *Paris, Mauprivez,* 1835-36, 6 vol. très
gr. in-8°, à 2 col., d.-rel., *fig. color.*

262. Les mêmes œuvres, avec des extraits de Daubanton et la
classification de Cuvier. *Paris, Furne,* 1853-55, 6 vol. gr.
in-8°, br., *cart. et fig. color.*

263. Le nouveau Buffon, trad. de Mary Trumer, par Hesse. *Paris,
Philippe,* 1834, 2 vol. in-12, br., *fig.*

264. Histoire naturelle de Lacépède, notes de Desmarest. *Paris,
Furne,* 1850, 2 vol. gr. in-8°, br., *fig. color.*

3. Géologie.

265 Traité de Géognosie, par d'Aubuisson de Voisins. *Paris et
Strasbourg, Levrault,* 1819, 2 vol. in-8°, br. *fig.*

266 Journal des mines, publié par l'agence des mines Je la République, nos 1 à 55. *Paris du Pont, an III à an VII.* 54 liv.
in-8°, br. *fig.*

267 Minéralogie, par Wallerius, traduit de l'allemand. *Paris,
Durand,* 1753, 2 vol. gr. in-8°, v. ant.

268 Minéralogie, par Valmont de Bomare. *Paris, Vincent,* 1762,
2 vol. in-8° br.

269 Essai d'une théorie sur la structure des cristaux, par l'abbé
Haüy. *Paris, Gogué,* 1784, in-8° br. *fig.*

4. Botanique.

270 Dictionnaire botanique et pharmaceutique. *Paris,* 1846,
2 vol. in-12 br.

271 Commentaires de P. A. Matthiolde, médecin senois, sur
Dioscoride, mis en françois, par J. des Moulins. *Lyon, Roville,*
1679, in-fol. v. ant. *fig. en bois.*
Bonne conservation intérieure.

272 PLANTES DE LA FRANCE, décrites et peintes d'après la nature,
par Jaume Saint-Hilaire, *Paris, imp. Didot jeune*, 1822, 10 vol.
gr. in-8°, d.-rel. dos et coins, chag. brun, *pap. vélin, non
rogné, tête dor. fig*.

> Magnifique ouvrage enrichi de 1000 planches coloriées et de 10 por-
> traits de naturalistes célèbres, publié par souscription au prix de
> 900 fr. *Epreuves de choix*.

273 Essai sur la flore de Maine et Loire, par Bâtard. *Angers,
V⁰ Pavie*, 1809, in-12 br.

274 Flore de Maine et Loire, par le dʳ Guépin. *Angers, Pavie*,
1838, in-12 br.

275 Traité des Conifères, par Carrière. *Paris*, 1855, in-8° br.

5. Zoologie.

276 Zoologie universelle et portative, par l'abbé Ray, avec supplément, par Gauffret. *Paris, Bossange*, 1804, in-4°, bas. rac.

277 Galerie zoologique, par Antelme. *Paris*, 1846, in-12 br. *fig*.

278 Les animaux industrieux, par Allent. *Paris*, 1836, in-12 br.

279 Histoire des singes et autres animaux curieux (par Alletz).
Paris, Duchesne, 1752, in-12, v. ant.

6. Appendice de l'Histoire naturelle.

A. Agriculture, Généralités.

280 Cours complet d'agriculture, ou dictionnnaire universel d'a-
griculture, par une société d'agriculteurs et rédigé par l'abbé
Rozier. *Paris, rue et hôtel Serpente*, 1785-89, les 8 prem. vol.
in-4° br. *fig*.

281 Cours complet d'agriculture pratique, par l'abbé Rozier,
rédigé par ordre alphabétique, cor. et aug. par Sonnini,
Lamarck et autres. *Paris, Buisson*, 1809, 6 vol. in-8° br. *fig*.

282 L'agronome, dictionnaire portatif du cultivateur. *Paris,
Savoye*, 1765, 2 vol. in-8°, v. ant,

283 Petit cours d'agriculture, par de Lepinois. *Paris*, 1821, in-8°,
d.-rel.

284 Traité élémentaire d'agriculture pratique, par M. Ch. Giraud. *Angers, Cosnier et Lachèse*, 1842, in-12 br. *pl.*

285 Catéchisme d'agriculture (par Masson-Four), *Paris*, 1857, 100 *fig.* — Manuel du cultivateur, par Lefour. *Paris*, 1852, *fig.* 2 vol. in-12 br.

286 L'économie rurale considérée dans ses rapports avec la chimie, la physique et la météorologie, par Boussingault. *Paris*, *Bechet*, 1851, 2 vol. in-8°, d.-rel.

287 La nouvelle maison rustique, refondue et augmentée par Bastien. *Paris, Deterville*, 1805, 3 vol. in-4° br. *fig.*

288 Maison rustique du XIXe siècle, encyclopédie d'agriculture pratique, *Paris*, 1836-38, 4 tom. en 2 vol. gr. in-8° à 2 col. d.-rel. 2000 *fig.*

289 Le même ouvrage publié sous la direction de Bailly. *Paris*, 1836-38, 4 vol. très-gr. in-8° br. *fig.*

290 La maison rustique française, par Henry de Dombale, *Paris*, *Renault*, 1855, 2 vol. in-8° br. *fig.*

291 Recueil choisi, instructif et amusant. *Trevoux de la Roche*, 1771, in-12, d.-rel.

292 Bibliothèque physico-économique des villes et des campagnes, par Sonnini. *Paris*, 1802-5, 22 liv. in-8° br. *fig.* (incomplet.)

293 L'ami de la maison, revue hebdomadaire illustrée. *Paris, Paulin et le Chevalier*, 1856-57, 2 vol. gr. in-8°, d.-rel. (2).

294 De l'état de la culture en France et des améliorations dont elle est susceptible, par Dedradt. *Paris, Maradan, an X*, 1802, 2 tom. en 1 vol. in-8°, d. rel.

295 L'agriculture de l'ouest de la France, étudiée plus spécialement dans le département de Maine et Loire, par O. Leclerc-Thoüin. *Paris, Ve Bouchard-Huzard*, 1843, in-8° br.

296 Etat actuel de l'agriculture dans le département de Maine et Loire, par M. Millet. *Angers, Cosnier et Lachèse*, 1856, gr. in-8° br.

297 L'agriculture délivrée, ou moyens faciles pour retirer de la

terre quatre fois plus de revenu qu'elle n'en rapporte généra-
lement, par Grollier. *Paris, Dusacq*, 1854, in-8° br.

B. Spécialités.

298 De l'assainissement des terres et du drainage, par Naville.
Paris (1850). — Instructions pratiques sur le drainage, par
Henri Mangon. *Paris*, 1856, 2 vol. in-12 br. *fig.*

299 Manuel de l'irrigateur, par Villeroy et Muller. *Paris, Dusacq*,
(1855) in-8° br. *fig.*

300 Traité des prairies, ou flore fourragère, par Boitard, *Paris*,
184.. 48 *pl. grav.*— Traité des plantes fourragères, par Lecoq.
Paris, 1844, en 1 vol. in-8°, carton. lustrine.

301 Traité de l'irrigation des prés, par Bertrand, *Paris*, 1801.
— Manuel des plantations, par Calvel, *Paris*, 1825, — Essai
sur la nature des engrais, par Young. *Paris*, 1808, etc, en
1 vol. in-12, d.-rel. *fig.*

202 Des instruments aratoires, par Ysabeau. *Paris*, 1858, Le
matériel agricole, par Auguste Jourdier, *Paris*, 1856, 2 vol.
in-12, br. 200 *fig.*

303 Collection d'ouvrages et de mémoires sur l'agriculture,
3 vol. in-8°, d.-rel.

> Culture du chou-navet, par Sonnini, 1788.— De la racine de Disette,
> par Commerel, 1786. -- Sur les semis et plantations, par Lyonnet, 1815.
> — Traité des prairies artificielles, par Gilbert, 1820. — De l'emploi
> du plâtre, par Bosc, 1823. — Culture du trèfle, de la luzerne et du
> sainfoin, 1803. — Sur les plantes légumineuses, 1826. — Culture des
> choux, 1810. — Connaissance des terres, par Pontier, 1829.— Du genet,
> 1810. — Amélioration des prairies, par de Perthuis, 1806. — Sur le
> trèfle incarnat, etc.

304 Manuel de l'agriculteur, par Mathieu de Dombasle, *Paris*,
1843. — L'art de préparer les terres, trad de Davy, *Paris*,
1825. — Des prairies, par Pellault. *Paris*, 1845, — Manuel
d'agriculture, par Moll, *Nancy*. -- Des engrais, par Payen,
Paris, 1839. — Traité d'agriculture, par Giraud, *Angers*,
1842. — Cours d'agriculture, par Jamet, 1846, etc, en 3 vol.
in-12, carton. *fig.*

305 Mémoire pour les propriétaire de bois. *Paris, Selligue*, 1829, in-8° br.

306 Instruction concernant la propagation, la culture en grand et la conservation des pommes de terre. *Paris, Huzard*, 1829, in-8° br.

307 Le moniteur des comices et des cultivateurs, publié sous la direction de Aug. Jourdier. *Paris*, 1855-1860, 5 années et demie complètes, formant 6 vol. gr. in-8° en livr.

308 Choix des vaches laitières, par Magne, *Paris*, 1850, *fig.* — De la basse-cour, par Ysabeau, *Paris*, 1852, — Les poules bonnes pondeuses, par Praugé, *Paris*, 1852, — L'apiculture simplifiée par Desvaux, *Angers*, 1849, 4 vol. in-12. br.

309 Nouveau régime pour les haras, par de Lafont-Pouloti, *Turin et Paris*, 1787, in-8°, d.-rel. *fig.*

C. Horticulture.

310. L'école du jardin potager (par Decombes). *Paris, Boudet*, 1752, 2 vol. in-12, v. gran.

311. Manuel théorique et pratique du jardinier, par Bailly. *Paris, Roret*, 1832, 2 vol. pet. in-12, d.-rel. chag. vert, *fig.* (2).

312. Maison rustique du XIXe siècle (tome V), horticulture. *Paris*, 1844, gr. in-8°, br. 2,500 *fig.*

313. Traité de la culture des arbres fruitiers, par Forsyth, trad. par Pictat Mallet. *Paris, Bossange*, 1805, in-8°, br. *fig.*

314. Cours élémentaire de culture maraichère, par Courtois-Gérard. *Paris*, 1852, in-16. — Manuel pratique de culture maraichère, par le même. *Paris*, 1858, in-12, br.

315. Bulletin des travaux de la Société d'horticulture de la Seine. *Paris*, 1849-53, 4 années complètes ou 4 vol. in-8°, en livr.

316. Journal de la Société impériale et centrale d'horticulture. *Paris*, 1855-59, 5 années complètes, ou 5 vol. in-8°, en livr.

IV. SCIENCES MÉDICALES.

1. Introductions et Dictionnaires.

317. Recherches historiques sur l'exercice de la médecine dans les temples, chez les peuples de l'antiquité, par A. Gauthier. *Paris, Baillère*, 1844, in-12, d.-rel.

318. L'esprit de la médecine ancienne et nouvelle comparé, par Rucco. *Bruxelles, Tircher*, 1854, in-8°, d.-rel. chag. viollet, *portrait*.

319. La vieille médecine et ses dangers, par Ginestet. *Niort et Paris*, (1851), in-8°, d.-rel.
> Avec lettre d'envoi, autographe de l'auteur.

320. Dictionnaire de médecine et de chirurgie pratiques, par Andral, Bégin, Blandin et autres. *Paris*, 1829-36, 15 vol, in-8°, d.-rel. bas.

321. Dictionnaire de médecine, de chirurgie, de pharmacie et des sciences accessoires, par Nysten, refondu et aug. par Bricheteau, Henry et Briand. *Paris, Chaudé*, 1835, gr. in-8°, à 2 col. d.-rel. v.

322. Le même dictionnaire refondu par Littré et Robin. *Paris Baillère*, 1855, tr. gr. in-8°, à 2 col. d.-rel. mar. vert, *500 figures*.

323. Dictionnaire universel de matière médicale et de Thérapeutique générale, par Mérat et de Lens. *Paris, Baillère*, 1829-46, 7 vol. in-8°, y compris le supp. d.- rel. chag. bleu.

324. Dictionnaire de médecine usuelle et domestique, par une société de médecins-praticiens, rédacteurs principaux les Drs Bayle et Gibert. *Paris, Postel*, 1836, 2 vol. tr. gr. in-8°, à 2 col. br.

325. Dictionnaire des praticiens. — Table analytique du journal de médecine et de chirurgie pratique, par Lucas-Championnière. *Paris, Cropelet*, 1850, in-8°, à 2 col. d.-rel. chag. rouge.

326. Dictionnaire portatif de santé, par L. et de B. (Vandermonde). *Paris, Vincent*, 1761, 2 vol. in-8°, v. ant.

327. Encyclopédie médicale, ou nouvelle médecine domestique par Tourtelle. *Paris*, *Philippe*, 1830, 2 vol. in-8°, br.

2. Traités généraux.

328. Les aphorismes d'Hippocrate, avec explications, par du Four. *Paris, d'Houry*, 1703, in-12, v. ant.

329. Histoire naturelle de la santé et de la maladie, chez les végétaux, les animaux en général et en particulier chez l'homme, parRaspail. *Paris, Levasseur*, 1843, 2 vol. gr. in-8°, d.-rel. chag. vert, *fig*.

330. Le médecin des hommes (par Goulin). *Paris*, 1772, *Vincent,* in-12, v. ant.

331. La médecine sans médecin ou manuel de santé, par Audin-Rouvière. *Paris*, 1825, in-8°, **br.**

332. Recueil alphabétique des prognostics dangereux et mortels sur les maladies de l'homme, pour servir à l'administration des Sacrements (par Col de Villars). *Paris, Didot*, 1770, in-16, bas. marb.

333. De la médecine homœopathique, ses avantages sur les autres doctrines médicales, par Croserio. *Paris, Baillère*, 1835, in-8°, d.-rel.

334. Traité de la matière médicale, par Hahnemann, trad. par Jourdan. *Paris, Baillère*, 1834, 3 vol. in-8°, carton. *non rogné*.

335. Leçons de médecine homœopathique, par le docteur Simon. *Paris, Baillère*, 1835, in-8°, carton.

336. Nouveau manuel de médecine homœopatique, par le Dr Jahr. *Paris, Baillère*, 1845, 2 tom. en 1 vol. in-12, chag. brun.

337. Manuel d'Homœopathie, par Jahr. *Paris, Baillère*, 1835, 2 tom. en 1 vol. in-12, v. brun.

338. Etudes élémentaires d'Homœopathie, par Espanet. *Paris Baillère*, 1856, in-12, d.-rel.

339. Guide du médecin Homœopathe, par Hirschel, trad, par Simon. *Paris, Baillère*, 1858, in-12, d.-rel.

340. Symptomatologie homœopathique, par Lafitte. *Paris, Baillère*, 1844, gr. in-8°, d.-rel.

341. Systématisation pratique de la matière médicale homœopathique, par A. Teste. *Paris, Baillère*, 1853, in-8°, d.-rel.

3. Anatomie et Physiologie.

A. Généralités.

342. Essais anatomiques, par Lieutaud. *Paris*, 1767, gr. in-8°, bas. *fig*.

343. Anatomie méthodique ou organographie humaine, en tableaux synoptiques avec figures, par Sarlandière. *Paris*. 1829, in-fol. obl. d.-rel. mar. rouge, *15 pl. color*.

344. Des causes de la vie, ou de l'action nerveuse..., par Bachoué de Lostalot. *Paris*, 1831, in-8°, br.

345. Recherches expérimentales sur les propriétés et les fonctions du système nerveux dans les animaux vertébrés, par Flourens. *Paris, Baillère*, 1842, in-8°, d.-rel. v. vert.

346. Recherches sur les désordres de la respiration , par Brée, trad. par Ducamp. *Paris, Crochard*, 1819, in-8°, d.-rel.

B. Génération , Enfantement.

347 De l'homme et de la femme considérés physiquement dans le mariage, par de L. (Lignac) *Lille. Henri*, 1772, 2 vol. in-12, v. marb. *fig*.

348 Nouvel essai de Mégalanthropogénésie, ou l'art de faire des enfants d'esprit, par Robert. *Paris, Le Normant, un* XI, 1805, 2 vol. in-8°, d.-rel. chag. violet (2).

349 De l'impuissance ou perte de la virilité, par le dr Belliol, *Paris, Dentu* (184..), in-12 br. *fig*.

350 Traité général des accouchements, par Dionis. *Paris, d'Houry*, 1724, in-8° br.

351 Traité des maladies des femmes en couches, par Raulin, *Paris, Vincent,* 1771, in-12, v. ant.

352 Abrégé de l'embryologie sacrée, par l'abbé Dinouart, *Paris,
Nyon*, 1774, in-12 bas. *fig.*

353 Le même ouvrage, *Paris*, *Bailly*, 1775, in-12, v. *fig.* (1).

4. Hygiène et Pathologie.

354 Manuel d'hygiène, par le dr Foy. *Paris, Baillère*, 1845, in-12
d. rel.

355 De la santé des gens de lettres, par Tissot. *Lausanne, Grasset*,
1770, in-12. d.-rel.

356 Pathologie de Gaubius, trad. par Sue. *Paris, Vincent*, 1770.
in-12 bas.

357 Abrégé de toute médecine pratique, trad. de Allen. avec
supplément (par Devaux). *Paris, Huart*, 1737, 6 vol. in-12.
v. ant.

358 Cours de médecine pratique, par Arnaud de Nobleville. *Paris,
Debure*, 1781, 3 vol. in-12, v. ant.

359 Manuel de médecine pratique, par Hufeland, traduit par
Jourdan. *Paris, Lucas*, 1821, in-8°, d.-rel. v. vert.

360 Semeïologie générale. ou traité des signes et de leur valeur
dans les maladies, par Double. *Paris, Crouillebois*, 1811-22,
3 vol. in-8°, d.-rel. bas. verte.

361 Manuel de Clinique médicale, par Martinet. *Paris, Gabon*,
1846, in-16, d.-rel.

362 Clinique Homœopathique par le Dr Beauvais (pseudonyme
de Roth). *Paris, Baillère.* 1836-40, 9 vol. in-8°, d.-rel.

363 Du traitement homœopathique des maladies des femmes,
par le dr Jahr, *Paris, Baillère,* 1856, in-12, d.-rel.

364 Traité Homœopathique des maladies des enfans, par le dr
Teste. *Paris, Baillère,* 1856, in-12, d.-rel.

5. Spécialités médicales.

365 Du choléra-morbus, par Foy. *Paris, Gaban*, 1832, 2 tom. en
1 vol. in-8°, d.-rel. *fig.*

366 Recherches cliniques sur le traitement de la pneumonie et du choléra suivant la méthode de Hahnemann, par Tessier, *Paris, Baillère,* 1850, in-8° d.-rel.

367 Thérapeutique des maladies chroniques, par Debreyne. *Paris, Baillère,* 1841, in-8°, d.-rel. bas.

368 Doctrine et traitement homœopathique des maladies chroniques, par Hahnemann, trad. par Jourdan , *Paris, Baillère,* 1846. 3 vol. in 8°, d.-rel.

369 La goutte, son traitement par l'homœopathie, par Monestral, *Paris, Baillère,* 1855, in-8°, d.-rel.

370. Traité des maladies goutteuses, par Barthez. — Traités de l'expérience et de la dyssenterie, par Zimmermann. *Paris, Delahaye,* 1855, in-8°, d.-rel.

371. Traitement de la sciatique, par Martinet. *Paris,* 1829. — De la goutte, par Teste. *Paris,* 1840. — Essai sur la méthode Endermique, par Lembert. *Paris,* 1828, en 1 vol. in-8°, d.-rel.

372. Traitement homœopathique des maladies de la peau et des maladies vénériennes, trad. de l'allemand, par Sarazin. *Paris, Baillère,* 1838, pet. in-12, d.-rel.

373. Du traitement homœopathique des maladies de la peau et des lésions extérieures en général, par le Dr Jahr *Paris, Baillère,* 1850, in-8°, d.-rel.

374. Traitement du cancer et des affections scrofuleuses, par Rivallié. *Paris, Baillère,* 1850, in-8°, d.-rel., *3 pl. color.*

375. Traité des maladies des os, par du Verney. *Paris, Debure,* 1751, 2 vol. in-12, v. ant.

376. Maladies des voies urinaires, par Dubouchet. *Paris, Baillère,* 1846, in-8°, br., *2 pl.*

377. Sur le cathétérisme, et sur les rétrécissements de l'urèthre, par Mattias Mayor. *Paris, Baillère,* 1836, in-8°, d.-rel.

378. De la guérison immédiate des rétrécissements de l'urèthre, par le Bon Heurteloup. *Paris, Labé,* 1855, in-8°, br.

379. Recherches sur le ramollissement du cerveau, par Rostan. *Paris, Bechet,* 1823, in-8°, d.-rel.

380. L'Onanisme, par Tissot. *Lausanne, Chapuis,* 1769, in-12, bas.

381. Du traitement homœopathique des affections nerveuses et des maladies mentales, par le Dr Jahr. *Paris, Baillère,* 1854, in-12, d.-rel.

382. Nouveau traité des maladies des yeux, par de Saint-Yves. *Paris, Le Mercier,* 1722, in-12, v. ant.

383. Le Conservateur de la vue, par Chevallier. *Paris,* 1810, in-8º, br. *pl. grav.*

6. Thérapeutique.

384. Annuaire de thérapeutique, de matière médicale et de pharmacie, par Bouchardat. *Paris, Cardembas,* 1841-46, 6 vol. in-16, d.-rel.

385. Manuel de Thérapeutique, par Martinet. *Paris, Gabon,* 1828, in-16, d.-rel.

386. Manuel de Thérapeutique homœopathique, par Bœnninghausen, trad. par le Dr Roth. *Paris, Baillère,* 1846, in-12, d.-rel.

387. Traité de matière médicale et de Thérapeutique, appliqué à chaque maladie en particulier, par le Dr Foy. *Paris, Baillère,* 1643, 2 vol. in-8º, d.-rel., bas. bleue.
Envoi manuscrit de l'auteur.

388. Traité des maladies les plus fréquentes et des remèdes propres à les guérir, par Helvétius. *Paris, Ve Lemercier,* 1739. 2 vol. in-12, v. ant.

389. La médecine curative, par Le Roy. *Paris,* 1825, 2 vol. in-12, br.

390. Formulaire pour l'emploi de plusieurs nouveaux médicaments, par Magendie. *Paris, Méquignon-Marvis,* 1836, in-12, d.-rel.

391. Formulaire des médecins praticiens, par le Dr Foy. *Paris, Baillère,* 1843, gr. in-16, d.-rel.

392. Les remèdes charitables de Mme Fouquet. *Lyon, Certe,* 1694, 2 vol. in-12, bas.

393. Secrets et remèdes éprouvez, par l'abbé Rousseau. *Paris, Jombert*, 1697, in-12, d.-rel.

394. Mémoires sur l'électro-puncture, par Sarlandrière. *Paris*, 1825. — Du galvanisme appliqué à la médecine, par La Beaume et Fabré-Palaprat. *Paris*, 1828, en 1 vol. in-8º, d.-rel., *pl.*

395. De l'eau sous le rapport hygiénique et médical, ou de l'hydrothérapie, par Scoutetten. *Paris, Baillère*, 1843, iu-8º, d.-rel., bas.

396. Traité sur l'hygiène et la médecine des bains russes et orientaux, par Lambert. *Paris, Crochard*, 1836, in-8º, carton.

397. Guide pratique aux eaux minérales et aux bains de mer, par James. *Paris, Masson*, 1852, in-8º, br.

398. Histoire générale des drogues, par Pomet. *Paris, Loyson*, 1694, in-fol., v. ant. *fig.*

399. Dictionnaire universel des drogues simples, par Lemery. *Paris, D'houry*, 1759, in-4º, v. ant. *fig.*

400. — Le même ouvrage, *même édition*, bas., *fig.*

7. Mélanges de médecine.

401. Archives de la médecine homœopathique, pub. par Jourdan. *Paris, Baillère*, 1834-37, 6 vol. in-8º, d.-rel.

402. Revue de la matière médicale homœopathique. *Paris, Baillère*. 1840-42, 5 vol. in-8º, d.-rel.

403. Journal de la médecine homœopathique. *Paris, Baillère*, 1846-54, 10 vol. in-8º, d.-rel.

404. Journal de la Société gallicane de médecine homœopathique ; matière médicale pure. *Paris, Baillère*, 1850-53, 4 vol. in-8º, d.-rel.

405. Journal de la doctrine Hahnemanienne, par le Dr Molin. *Paris*, 1840, 2 tom. en 1 vol. in-8º, d.-rel. — Annales de la médecine homœopathique. *Paris*, 1842, 2 tom. en 1 vol. in-8º, d.-rel. — Bulletin de la Société de médecine homœopathique de Paris. *Paris*, 1845-46, 3 tom. en 2 vol. in-8º, d.-

rel. — Journal de la Société gallicane de médecine homœopathique. *Paris*, 1858, tom. 6, 24 livaisons in-8°.

406. Cinq ouvrages ou brochures anciens et modernes sur diverses branches des sciences médicales.

407. Vingt-cinq brochures ou mémoires anciens et modernes sur la médecine, in-4° et in-8°.

8. Chirurgie.

408. Le brigandage de la chirurgie (par Hecquet). (*Utrecht*), 1738, in-12, d.-rel.

409. Cours de chirurgie, par Col de Vilars, terminé par Poissonnier. *Paris, Coignard et Mercier*, 1738-49, 5 vol. in-12, v. ant.

410. Traité des opérations de chirurgie, par Croissant de Garengeot. *Paris, Huart*, 1748, 3 vol. in-8°, v. ant., *fig*.

411. Manuel des opérations chirurgicales, par Caster. *Paris, Crevot*, 1825, in-16, bas.

412. Manuel de médecine opératoire, par Malgaigne. *Paris, Baillère*, 1840, in-12, d.-rel.

413. Méditations sur la chirurgie pratique, par le Dr Ouvrard (*d'Angers*). *Paris, Baillère*, 1828, in-12, br.

414. Nouveau système de déligation chirurgicale, par Mathias Mayor. *Paris, Cherbulier*, 1832. — Sur le dessin linéaire en relief en chirurgie, par le même. *Paris, Cherbulier*, 1836, en 1 vol. in-8°, d.-rel., *5 pl.*

9. Médecine vétérinaire.

415. Dictionnaire usuel de chirurgie et de médecine vétérinaire, rédigé par une Société de médecins vétérinaires. *Paris*, 1835, 2 vol. très-gr. in-8° à 2 col., br., *20 pl. gravées sur acier.*

416. Le nouveau parfait Maréchal, par de Garsault, 5e éd., *Paris et Niort, Robin*, 1843, in-4°, d.-rel. bas., *fig*.

417. Six brochures anciennes sur la médecine vétérinaire, in-4° et in-8°.

V. SCIENCES MATHÉMATIQUES.

1. Applications, Mécanique, Astronomie et Navigation.

418. Traité de la construction et des principaux usages des instruments de mathématiques, par Bion, 4e éd. *Paris, Jombert,* 1752, in-4º, v. marb., *fig.*

419. Instruction sur les mesures réduites de la grandeur de la terre. *Angers, Mame, an* II, in-8º, br.

420. Le même ouvrage, *autre exemplaire,* br.

421. Traité de l'arpentage et du toisé, par Ozanam. *Paris,* 1779, in-8º, bas., *fig.* — Nouveau traité d'arpentage et de toisé, par Lancelot. *Troyes,* 1835, in-8º, br., *fig.* — Manuel des poids et mesures, par Tarbé. *Paris, an* x, in-12, br.

422. Notes sur la mécanique, suivies de quelques applications, par Plaisant. *Paris, Mathias,* 1848, in-8º, br., *fig.*

423. Traité de la sphère, par Rivard. *Paris, Desaint et Saillant,* 1757, in-8º, bas., *fig.*

424. Histoire du ciel (par Pluche). *Paris, Estienne,* 1757, 2 vol. in-12, v. marb., *fig.* (1).

425. Notions élémentaires d'astronomie, par le Cel Perdreau. *Paris, Maire-Nyon,* 1838, in-12, br., *fig.* (1).

426. Traité complet de la navigation, par Bouguer. *Paris et Nantes,* 1706, in-4º, bas., *11 pl.*

2. Art militaire.

427. Les travaux de Mars, par A. M. Mallet. *Paris, Henault,* 1672, 3 vol. in-8º, v. ant., *fig.*
Ouvrage encore recherché à cause des 306 gravures qu'il renferme.

428. Elémens de la guerre des siéges, ou traité de l'artillerie, de l'attaque et de la défense des places, par Le Blond. *Paris, Jombert,* 1743, 3 vol. in-8º, v. fauve fil. et tr. dor., *32 pl.*
Bel exemplaire avec riches armoiries sur les plats.

429. Beautés, victoires, batailles et combats des armées françaises de 1792 à 1815 (par Le Maire). *Paris, Le Prieur*, 1825, 2
vol. in-12, br.

430. Victoires, conquêtes, désastres, revers et guerres civiles des
Français, depuis 1792 (par les généraux Beauvais, Thiébault
et autres). *Paris, Didot*, 1854, 9 vol. in-8º, br., *cart. et fig.*
L'exemplaire s'arrête à 1809.

431. Histoire de l'expédition française en Egypte, d'après les
mémoires, matériaux et documents inédits, rédigée par Bory
de Saint-Vincent, Gourgaud et autres. *Paris, Denain*, 1831, 3
vol. in-8º, br., *fig.*

432. Mémoires du général Custine. *Hambourg et Francfort*,
1794, 2 vol. in-8º, br.

433. Mémoires militaires du baron Seruzier. *Paris*, 1823, in-8º,
carton.

434. Chiromance et physiognomonie par le regard des membres
de l'homme, faite par Jean de Indagine, mise en françois par
Antoine du Moulin. *Lyon, Jean de Tournes*, 1549, pet. in-8º,
d.-rel., *fig.* (2).

VI. BEAUX-ARTS.

1. Introduction, Peinture, Sculpture et Architecture.

435. Du beau des arts d'imitation, par Kératry. *Paris, Audot*,
1822, 2 vol. in-16, d.-rel., chag. vert, *fig.* (2).

436. Essai d'une philosophie de l'art, par Robert. *Paris, Debecourt*, 1836, in-8º, d.-rel.

437. Recueil de pièces intéressantes concernant les antiquités,
les beaux arts, les belles lettres et la philosophie, trad. de
différentes langues. *Paris, Barrois*, 1787-88, 4 vol. in-8º, d.-
rel., *fig. et cart.*

438. Les secrets de la nature et de l'art. *Paris, Durand*, 1769,
4 vol. in-12, v. marb.

439. Iconologie tirée de divers auteurs, par J. B. Boudard.

Vienne, Trattnern, 1766, 3 tom. en 1 vol, in-8°, bas. marb.
630 fig. (2)

440. Galerie des arts et de l'histoire, composée des tableaux et
statues les plus remarquables des musées de l'Europe, et de
sujets tirés de l'histoire de Napoléon, gravés à l'eau forte sur
acier par Reveil, et accompagnés d'explications historiques,
(par Duchesne aîné). *Paris, Hivert*, 1836, 8 vol. pet. in-8°,
d.-rel., v. rouge. (2).

> Cet intéressant recueil comprend : tom. I à III mythologie, histoire
> héroïque, 277 sujets; tom. IV, histoire sainte, 78 sujets, histoire ro-
> maine, 31 sujets: tom. V, histoire d'Europe, 24 sujets, histoire de
> France, 54 sujets ; tom. VI, histoire de Napoléon, 85 sujets; tom. VII,
> et VIII, tableaux de guerres, paysages, etc., 159 sujets, en tout 708
> figures, avec autant de textes ; les *amours de Psyché* et les *amours
> des dieux* font partie de l'exemplaire.

441. GALERIES HISTORIQUES DE VERSAILLES, 11 séries en
14 vol. grand in-fol., y compris 1 vol. pour les tables et le
classement des gravures ; avec une histoire de France, servant
de texte explicatif aux tableaux des galeries de Versailles, 4
vol. gr. in-4°, par GAVARD. *Paris, imp. Duverger*, 1837–41,
en tout 18 vol. d.-rel., chag. bleu. (1)

> L'exemplaire de ce magnifique ouvrage appartient à l'édition de
> luxe, tirée à petit nombre d'exemplaires, *gr. in-folio, papier vélin
> colombier, avec près de 1,400 planches gravées sur acier et tirées
> sur papier de Chine*. Le texte est orné de vignettes, de culs-de-
> lampes et d'ornements gravés sur bois.

442. Œuvres de Flaxman, lithographiées par Feillet et Laqueson.
Paris, Feillet et Bregeant. 1823, 2 vol. in-fol., d.-rel., mar.
rouge.

> L'œuvre se décompose ainsi : 28 pl. pour l'Odyssée, 34 pour l'Iliade,
> 31 pour les tragédies d'Eschyle, 37 pour l'œuvre des jours et la théogo-
> nie d'Hésiode, et 109 pour la divine comédie du Dante, en tout 239
> lithographies au trait.

443. Œuvres choisies de Séb. Le Clerc. *Paris, Jeaurat*, 1784,
pet. in-4° obl., v. ant., tr. dor., *fig.* (2).

> Recueil de 97 planches gravées, paysages, personnages et sujets de
> genre.

444. Souvenirs de l'exposition (d'Angers) de 1842, et tapisseries
de Saint-Florent, dessinés par Hawke, avec une notice, par
Godard-Faultrier. *Angers, Cosnier et Lachèse*, in-4°, d.-rel., *fig.*

445. Fragmens d'architecture, sculpture et peinture, dans le style antique, composés ou recueillis et gravés par Beauvallet. *Paris, Joubert, an* XII, 1804, in-fol., carton., *89 pl.*

2. Musique.

446. Histoire de la musique, par Kalkbrenner. *Paris, Kœning,* 1802, 2 tom. en 1 vol. in-8°, d.-rel., *14 pl.*

447. Mémoires ou essais sur la musique, par Grétry. *Paris, imp. de la république, an* v (1796), 3 vol. in-8° carton. *non rogné.*

448. De la musique dramatique en France, par Martine. *Paris, Dentu,* 1813, in-8°, br.

449. Les petits mystères de l'opéra, par Albéric Second. *Paris, imp. Lacrampe,* 1844. in-8°, d.-rel., chag. vert, *fig. de Gavarni.* (2).

450. Des beautés de l'opéra, ou chefs-d'œuvre lyriques illustrés par les premiers artistes de Paris et de Londres, avec texte de Th. Gauthier, J. Janin et Phil. Chasle. *Paris, Soulié,* 1845, gr. in-8°, d.-rel., chag. bleu. *Texte encadré et riches illustrations.* (2).

VII. ARTS MÉCANIQUES.

1. Métiers.

451. Traité des feux d'artifice, par le S. F. (Frezier). *Paris, Jollet,* 1706, in-12, v. ant., *fig.*

452. Manuel du Tourneur, par Bergeron, 2ᵉ éd., rev. et aug. par Hamelin-Bergeron. *Paris, Hamelin-Bergeron,* 1816. 3 vol. in-4°, d.-rel., *atlas de 96 pl. gr.* (1).

> Ouvrage fort estimé, devenu rare, et qui n'a pas encore été remplacé.

453. L'art du Boyaudier, par Labarraque. *Paris, Huzard,* 1822, in-8°, d.-rel.

2. Art culinaire et Gastronomie.

454. Dictionnaire des substances alimentaires, par Aulagnier. *Paris, Renouard,* 1843, in-8°, d.-rel. bas. *portr.*

455. Le cuisinier anglais, par Collingwood et Woolams. *Paris, Tardieu*, 1810, 2 tom. en 1 vol. gr. in-8°, bas. rac., *14 pl.*

456. Recherches sur les substances nutritives que renferment les os, par Darcet. *Paris, Huzard*, 1829, in-8°, br., *5 pl.*

457. Les classiques de la table, à l'usage des praticiens et des gens du monde. *Paris, Martignon*, 1844, in-8°, d.-rel , chag. vert, *nombreux portraits et vignettes sur acier.* (2).

458. Physiologie du goût (par Brillat-Savarin). *Paris, Tessier*, 1834, 2 tom. en 1 vol. in-8°, d.-rel., chag. vert. (2).

459. Le même ouvrage. *Paris, Charpentier*. 1838, in-12, d -rel., mar. vert.

460. Cours gastronomique, ou les dîners de Manant-Ville, ouvrage anecdotique, philosophique et littéraire, 2ᵉ éd., par feu C*** , ancien avocat au parl. de Paris (Cadet-Gassicourt). *Paris, Capelle et Renaud*, 1809, in-8°, br. (2).

VIII. CHASSES ET JEUX.

461. La Vénerie de Jacques du Fouilloux, précédée de quelques notes biographiques, et d'une notice bibliographique (par Jérôme Pichon). *Angers, Lebossé*, 1844, gr. in-8°, d.-rel. chag. grenat, *fig.* (2).

Exemplaire sur fort papier vélin ; édition épuisée.

462. La Chasse au lion, par Jules Gérard. *Paris*, 1855, gr. in-16, d.-rel. chag. grenat, *fig.* (2).

463. Nouvelles règles pour le jeu de Mail. *Paris, Huguier*, 1717, in-16, v. brun (*rare*). (2).

BELLES-LETTRES.

I. LINGUISTIQUE.

1. Introduction, Langues grecque et latine.

464. Grammaire générale, ou philosophie des langues, par Albert Montemont. *Paris, Moquet*, 1845, 2 vol. in-8°, br.

465. Dictionnaire grec français, par Planche. *Paris, Lenormant*, 1824, gr. in-8°, carton.

466. Introduction à la syntaxe latine, par Clarke, trad. par de Wailly. *Paris, Barbou*, 1781, in-12, bas.

467. Magnum dictionarium latinum gallicum... Collegit P. Danetius. *Lugduni, Deville*, 1740, in-4°, bas. (1).

468. Dictionnaire de poche latin et français, par L'Ecuy. *Paris, Desray, an* XIII, 1805, in-12 carré, br.

469. Dictionnaire universel français et latin (dit de Trévoux). *Paris, Clouzier*, 1732, 5 vol. in-fol., v. ant. (1).

470. Le même dictionnaire. *Paris, les libraires associés*, 1743, 6 vol. in-fol., v. marb.

471. Nouveau dictionnaire universel des arts et des sciences, françois, latin et anglois, trad. de l'anglais par Th. Dyche (par Girard). *Avignon, Vᵉ Girard et Paris, Guillyn*, 1756, 2 vol. in-4°, v. ant.

> Exemplaire ayant appartenu au président Hénault.

472. Dictionnaire françois et latin, par J. Joubert. *Amsterdam*, 1757, in-4°, bas. (1).

2. Langues romanes.

A. Langue française.

473. Grammaire des grammaires, par Girault-Duvivier. *Paris, Janet et Cotelle*, 1834, 2 vol. in-8°, bas. rac. (1).

474. Nouvelle grammaire des grammaires, par Pons. *Paris, Gennequin* (18..), in-12, br.

475. Grammaire française, d'après les principes de l'Académie, par Lucet-Lamaillardière. *Paris, Tourneux,* 1821, in-8º, br.

476. Grammaire de Napoléon Landais, résumé général de toutes les grammaires françaises. *Paris,* 1835, in-4º, br.

477. Sciences des conjugaisons, par Remy. *Paris, Hachette,* 1842, in-12, d.-rel.

478. Le véritable manuel des conjugaisons, ou dictionnaire des 8000 verbes, par Bescherelle. *Paris,* 1853, in-12, d.-rel.

479. Dictionnaire de l'Académie française, 5e éd. *Paris. Bossange et Masson,* 1814, 2 tom. en 1 vol. in-4º, d.-rel.

480. Le même dictionnaire, rev., cor. et aug. — Supplément contenant les termes appropriés aux arts et aux sciences, et les mots nouveaux. *Paris, Masson et Dupont,* 1827-32, 3 vol. in-4º, v. rouge, fers. (2).

481. Nouveau vocabulaire français, par de Wailly. *Paris, Rémont,* 1818, gr. in-8º, br.

482. Dictionnaire portatif de la langue françoise, extrait de Richelet, par de Wailly. *Liége, Plomteux,* 1784, 2 vol. in-8º, bas.

483. Dictionnaire universel portatif de la langue française, avec la prononciation figurée, par Gattel. *Paris, Lefebvre,* 1813, 2 vol. gr. in-8º, d.-rel.

484. Nouveau vocabulaire, ou dictionnaire portatif de la langue françoise, par Rolland. *Lyon, Rolland,* 1815, in-8º, bas. jasp.

485. Dictionnaire des dictionnaires, pour apprendre plus facilement, et pour retenir plus promptement l'orthographe et le français, par Darbois. *Paris,* 1830, gr. in-8º, br.

486. Dictionnaire général et grammatical des dictionnaires français, par Napoléon Landais. *Paris,* 1834-35, 2 vol. in-4º, br.

487. Nouveau dictionnaire universel de la langue française, par M. P. Poitevin. *Paris, imp. Didot,* 1856, 2 vol. gr. in-4º à 3 col. en livraisons.

Cet exemplaire s'arrête à la 78e livraison, page 76 du 2e volume.

488. Dictionnaire raisonné des difficultés de la langue française, par Laveau. *Paris, Lefèvre*, 1818, in-8°, d.-rel.

489. Dictionnaire des mots français dont la signification n'est pas familière à tout le monde (par l'abbé Prévost et autres). *Paris, Didot*, 1755, 2 vol. in-8°, v. marb. (1).

490. Dictionnaire portatif des mots françois, dont la signification n'est pas familière à tout le monde (trad. et extrait de Dyche, par l'abbé Prévost). *Paris, Didot*, 1770, 2 vol, in-8°, bas.

491. Dictionnaire universel des synonymes de la langue française, par Girard, Beauzée, Roubaud et autres. *Paris, Duprat-Duverger*, 1807, 2 vol. in-12, d.-rel.

492. Nouveau dictionnaire universel des synonymes de la langue française, par Guizot. *Paris, Maradan*, 1809, 2 vol. in-8°, bas. rac. (1).

493. Dictionnaire universel des synonymes de la langue française. *Paris*, 1810, 2 vol. in-12, carton.

B. Langue italienne.

494. Grammaire italienne, suivie d'un traité de la poésie italienne, par Biagioli. *Paris*, 1825, in-8°, d.-rel. (1).

495. Nouveau dictionnaire françois-italien (et italien-françois), par Alberti. *Paris et Marseille*, 1771, 2 vol. in-4°, v. ant

496. Dictionnaire italien-français et français-italien, par de Roujoux. *Paris, Lachevardière*, 1826, 2 vol. in-8°, bas. rac. (1).

497. Dictionnaire italien-français et français-italien, par Catineau. *Paris, Lebigre*, 1832, 2 vol. in-8°, br.

II. RHÉTORIQUE.

498. Institution oratoire de Quintilien, trad. nouv. (avec le texte), par Ouizille. *Paris, Panckoucke*, 1829-35, 6 vol. in-8°, d.-rel., chag. grenat (1).

Manque le tome 3e.

499. L'art du poète et de l'orateur, (par le P. Papon). *Paris, Robert*, 1810, in-12, bas. marb. (2).

500. Nouvelles observations sur les différentes manières de prêcher, (par Albert.) *Lyon, Bruysset*, 1757, in-12, bas. marb. (1).

501. Essai sur l'éloquence de la chaire , par le C^al Maury. *Paris,
Gayet*, 1828, 3 vol. in-12, bas. rac. (1).

502. Dictionnaire biographique des prédicateurs, par l'abbé de
la P... *Paris, Persan*, 1824, in-8°, bas. rac. (1).

503. L'éloquence de la chaire et du bareau , par l'abbé de Bret-
teville. *Paris, Thierry*, 1698, in-12, v. ant. (1).

504. Études sur les orateurs parlementaires, par Timon (Cormenin). *Paris, Pagnerre*, 1839, *portr.*, 2 tom. en 1 vol., et recueil
des pamphlets de M. de Cormenin, en 2 vol., ensemble 3 vol.
in-16, d.-rel., chag. violet (2).

505. Recueil des oraisons funèbres de Fléchier. *Nisme, Beaume*,
1782, in-8°, v. marb.

506. Recueil des oraisons funèbres prononcées par Fléchier et
par Bossuet. *Lille, Lefort*, 1820, in-12, bas. rac. (2).

507. Discours choisis sur divers sujets de religion et de littérature, par l'abbé Maury. *Paris, Lejay*, 1777, in-12, v. marb. (1).

508. Œuvres de Mirabeau , opinions et discours , précédés d'une
notice sur sa vie et ses ouvrages, par Merilhou. *Paris, Lecoin-
tre et Didier*, 1834, 3 vol. in-8°, d.-rel., v. brun (2).

III. POÉSIE.

1. Poètes grecs et latins.

509. Anacréon, Sapho , Moskus et Bion , trad. en vers français,
par Poinsinet de Sivry. *Paris, Gattey*, (1782), in-16, bas.
marb. (2).
   Se joint à la collection Cazin.

510. Odes d'Anacréon, traduites en français, avec le texte grec,
la version latine, des notes, etc., par Gail. *Paris, Didot aîné,
an* VIII (1800), 4 vol. in-18, carton., *non rogné, papier vélin,
fig. avant la lettre, et musique notée et gravée* (2).

511. Lucrèce, de la nature des choses (lat.-franç.), trad. par Decoutures. *Lyon, Molin*, 1695, 2 vol. in-12, v. marb. (1).

512. Lucrèce, de la nature des choses, traduit en vers français, par de Pongerville, texte en regard. *Paris, Dondey-Dupré.* 1828, 2 vol. gr. in-8°, bas. rac., *fig.*

513. Lucrèce, de la nature des choses, poème trad. par de Pongerville, suivi d'un exposé du système physique d'Épicure, par Ajasson de Grandsagne (avec le texte). *Paris, Panckoucke*, 1836, 2 vol. in-8°, d.-rel., chag. grenat (1).

514. P. Virgilii Maronis, Bucolica, Georgica et Aeneis. *Apud Societatem litterariam-typographicam*, 1784, gr. in-8°, v. marb.

515. Œuvres complètes de Virgile, trad. nouv., Bucoliques et Georgiques, par Charpentier; Énéide, liv. I à VIII, par Ville-nave; liv. IX à XII, par Amar; petits poèmes et géographie, par Parisot; Flore, par Fée (avec le texte). *Paris, Panckoucke*, 1833-35, 4 vol. in-8°, d.-rel., chag. grenat (1).

516. L'Énéide, trad. en vers français, par Delille. *Paris, Hachette*, 1839, 2 vol. petit in-12, br.

517. Les Œuvres d'Horace, traduites en français par Binet. *Paris, Colas, an* X 1802, 2 vol. petit in-12, v. marb., tr. dor. (2).

518. Œuvres d'Horace, traduites en vers par P. Daru (lat.-franç.). *Paris, Levrault, an* XII (1804), 4 vol. in-8°, bas. rac. (2).

519. Les mêmes Œuvres, même traduction. *Paris, Janet et Cotelle*, 1806, 2 vol. in-8°, bas. gran. (1).

520. Œuvres complètes d'Horace, trad. par Amar, Andrieux, Arnault, Bigan, et autres (avec le texte). *Paris, Panckoucke*, 1837-38, 2 vol. in-8°, d.-rel., chag. grenat (1).

521. Les Métamorphoses d'Ovide, trad. par Duryer. *Amsterdam, Mortier*, 1718, 2 vol. in-12, v. ant., *fig.*

522. L'art d'aimer, d'Ovide, trad. en vers par Desaintange. *Paris, Giguet et Michaud*, 1807, in-12, br.

523. Fables de Phèdre, trad. nouv. par Ernest Panckoucke. *Paris, Panckoucke*, 1834, in-8°, d.-rel., chag. grenat (1).

524. Élégies de Tibulle (avec des notes), suivies des Baisers de Jean Second, par Mirabeau (latin-français), et de contes et nouvelles du traducteur. *Paris (Angers, Jahyer et Geslin)*, an VI (1798), 3 vol. in-8°, bas. marb., 14 *fig. de Borel* (2).

525. Élégies de Tibulle, trad. nouv. par Valatour. — Sentences de Publius Syrus, trad. nouv. par Chenu (avec le texte). *Paris, Panckoucke*, 1835-36, en 1 vol. in-8°, d.-rel., chag. grenat (1).

526. Satires de Perse, suivies d'un fragment de Turnus, et de la satire de Sulpicia, trad. nouv. par Perreau (avec le texte). *Paris, Panckoucke*, 1832, in-8°, d.-rel., chag. grenat (1).

527. Pharsale de Lucain, trad. nouv.; liv. I-III, par Chasles; liv. IV-V, par Greslou ; liv. VI-X, par Courtaud-Devineresse (avec le texte). *Paris, Panckoucke*, 1835-36, 2 vol. in-8°, d.-rel., chag. grenat (1).

528. Silius Italicus. Les Puniques, trad. nouv. par Corpet, Dubois et Greslou (avec le texte). *Paris, Panckoucke*, 1836-38, 3 vol. in-8°, d.-rel., chag. grenat (1).

529. Valerius Flaccus. L'Argonautique, ou la conquête de la toison d'or, trad. pour la première fois en prose, par Caussin de Perceval (avec le texte). *Paris, Panckoucke*, 1835. in-8°, d.-rel., chag. grenat (1).

530. Œuvres complètes de Stace, traduites par Rinn, Achaintre et Boutteville (avec le texte). *Paris, Panckoucke*, 1829-32, 4 vol. in-8°, d.-rel., chag. grenat (1).

531. Satires de Juvenal, trad. par Dusaulx, nouv. éd. rev. et cor. par Pierrot (avec le texte). *Paris, Panckoucke*, 1825-30, 2 vol. in-8°, d.-rel., chag. grenat (1).

532. Épigrammes de Martial, trad. nouv. par Verger, Dubois et Mangeart (avec le texte). *Paris, Panckoucke*, 1834-35, 4 vol. in-8°, d.-rel., chag. grenat (1).

533. Œuvres complètes de Claudien, trad. nouv. par Heguin de Guerle et Trognon (avec le texte). *Paris, Panckoucke*, 1830-33, 2 vol. in-8°, d.-rel., chag. grenat (1).

534. Les baisers, suivis du mois de mai, poème par Dorat. *Paris, Leprieur*, 1793, in-16, d.-rel. (2).

535. Leonardi Frizon, opera poetica, libri XXIV. *Parisiis, Bernard*, 1675, 2 tom. en 1 vol. in-8°, rel. anc., v. tr. dor., *armes*.

536. Ars artium..., poème sur les devoirs des pasteurs, par le P. Delmas (lat.-franç.). *Paris, Desaint*, 1786, in-8°, bas. rac. (1).

537. Les Amours de Zoroas et de Pancharis, poème érotique et didactique, trad. sur l'original latin (de Petit-Radel), par lui-même. *Paris, Patris, an* x (1802), 3 vol. in-8°, d.-rel., bas., *fig.*
> Envoi autographe de l'auteur à M. Laïs (de l'Opéra).

2. Poètes français.

A. Œuvres et poésies de divers genres.

538. Recueil de fabliaux, précédé d'une introduction par M. A... *Paris, imp. Béthune*, 1829, in-16, d.-rel., chagr. grenat (2).

539. Œuvres de Marot, valet de chambre du roi. *Genève*, 1781, in-32, v. fauve, tr. dor. (2).
> De la collection Cazin.

540. Poésies de Malherbe, rangées par ordre chronologique. *Genève*, 1777, in-16, v. tr. dor. (2).
> Joli exemplaire de la même collection.

541. Œuvres de Boileau-Despreaux. *Paris, Didot*, 1800, 2 vol. in-16, d.-rel.

542. Œuvres de Boileau, avec un nouveau commentaire, par Amar. *Paris, Lefèvre (imp. J. Didot)*, 1824, 4 vol. in-8°, d.-rel., mar. rouge, *portr.*, *pap. vélin* (2).

543. Poésies françoises de l'abbé Regnier Desmarais. *Amsterdam et Leipsik*, 1753, 2 vol. in-16, v. ant.

544. Poèmes et autres poésies de.. (l'abbé de Villiers). *Paris, Collombat*, 1712, in-12, v. ant. (1).

545. Œuvres complètes de Grécourt. *Paris, André*, 1795, 4 vol. in-8°, d.-rel. (2).

546. Œuvres complètes de M. Bernard (dit Gentil). *Paris, Dufart*, 1793, in-16, bas. marbr., *fig.* (2).

547. L'art d'aimer et poésies diverses de (Gentil) Bernard. *Paris, Lejay*, (179.), gr. in-8°, bas., *fig. d'Eisen* (2).

548. Poésies de Helvétius. *Londres*, 1781, in-16, v. marb. (2).
De la collection Cazin.

549. Poésies de Voltaire. *Paris, Carez*, 1821, in-12, br.

550. Œuvres complètes de Gresset, précédées d'une notice bio-graphique et littéraire (avec le Parrain magnifique tiré à part). *Paris, Furne*, 1830, 2 vol. in-8°, d.-rel., v. bleu, *portr. et fig. de Moreau* (2).

551. Œuvres du cardinal de Bernis, collationnées sur les textes des premières éditions et classées dans un ordre méthodique. *Paris, Delangle*, 1825, in-8°, d.-rel., v. gris, *portr.* (2).

552. Œuvres du chevalier de Boufflers. *Paris, Lelong*, 1823, 4 vol. in-16, d.-rel., *portr. et fig.* (1).

553. Œuvres de Millevoye, précédées d'une notice biographique et littéraire, par de Pongerville. *Paris, Furne*, 1833, 2 vol. in-8°, v. vert, fil. dor., *portr. et fig.* (2).

554. Poésies d'André Chénier, précédées d'une notice par de Latouche. *Paris, Charpentier*, 1840, gr. in-18, d.-rel., chagr. noir, *portr.* (2).

555. Œuvres de Delille (avec les textes latin et anglais), précédées d'une notice sur sa vie et ses ouvrages, par Tissot, *Paris, Furne*, 1832-33, 10 vol. in-8°, d.-rel., v. gris, *fig. d'après A. Johannot* (2).

556. Œuvres de J. Delille, avec les notes de Parseval-Grandmaison, Felletz, Aimé Martin, etc. *Paris, F. Didot*, 1837, gr. in-8° à 2 col., d.-rel., v. violet, *pap. vélin, portr.* (1).

557. Œuvres de Gilbert, avec notes et variantes, et une nouvelle notice, par Amar. *Paris, J. Didot*, 1824, 2 vol. gr. in-32, v. vert, *pap. vélin, portr.* (2).

558. Hommages poétiques à leurs Majestés impériales et royales, sur la naissance du roi de Rome; publ. par Lucet et Eckard. *Paris, Prud'homme*, 1811, 2 vol. in-8°, carton. sur brochure, *pap. vélin, fig.* (2).

559. Œuvres poétiques de Verny. *Paris, Ladvocat*, 1826, in-16, d.-rel., *portr.* (1).

560. Œuvres complètes de Lamartine. *Paris, Gosselin et Furne*, 1836, 10 vol. gr. in-8°, d.-rel., bas. bleu, *fig. sur acier et sur bois* (2).

> Cette édition comprend : Méditations, 2 vol. — Harmonies, 2 vol. — Voyage en Orient, 4 vol. — Et Jocelyn, 2 vol.

561. Les mêmes œuvres, *même édition*, d.-rel., v. bleu (1).

562. Recueillements poétiques, par de Lamartine. *Paris, Gosselin*, 1839, in-8°, d.-rel., v. bleu (1).

563. Amour et foi, par Edouard Turquety. *Paris et Rennes*, 1835, in-8°, d.-rel., v. fauve (2).

564. Iambes et poèmes, par Auguste Barbier. *Paris, Masgana*, 1840, in-12, d.-rel., chagr. noir (2).

565. Œuvres de Barthélemy et Méry. *Paris*, 1825-1833, 5 vol. in-8°, d.-rel., chagr. rouge, *fig.* (2).

> Recueil factice des divers ouvrages de ces deux poètes.

566. Far Niente, Forget me not, et Passé, poésies par Boullet Bois-Renault. *Angers, E. Lesourd*, 1835, gr. in-8°, d.-rel., mar. rouge, *pap. vélin* (2).

567. Chroniques de la France (poésies), par Mme Amable Tastu. *Paris, Delangle*, 1829, in-8°, d.-rel., mar. rouge (2).

568. Poésies de Mme Desbordes-Valmore. *Paris, Boulland*, 1830, 2 vol. in-8°, d.-rel., bas. rouge, *fig.* (2).

569. Poésies complètes de Emile Augier. *Paris, Michel Lévy*, 1852, gr. in-16, d.-rel., chag. vert (2).

B. Poèmes épiques, didactiques et Odes.

570. La Henriade, par Voltaire. *Paris*, 1854, in-12, **br.**

571. La grandeur de Dieu dans les merveilles de la nature, poème par Dulard. *Paris, Desaint et Saillant*, 1771, in-12, bas.

572. Les Francs, poème héroïque par Lesur. *Paris, Maradan*, an v (1797), in-8°, d.-rel.

> Envoi au chanteur Lays.

573. Napoléon en Prusse, poëme épique en 12 chants, par Bru-
guière. *Paris, Lenormant*, 1813, in-8°, bas. rac., *pap. vélin,
portraits* (2).

574. Enosh, prologue (poëme), par Gustave de La Noue. *Paris,
Debecourt* (1834), in-8°, d.-rel. (1).

575. Les plantes, poëme par Castel. *Paris, imp. Crapelet, an* x
(1802), in-12, d.-rel., chag. vert., *fig.* (2).

576. Odes, par Castera. *Paris, Bailly*, 1785. — Vie privée du roi
de Prusse (Frédéric II). *Amsterdam, Rey*, 1784, en 1 vol. in-16,
v. marb. (2).

577. Victor Hugo. Odes et Ballades, les Orientales, les Voix inté-
rieures, et les Rayons et les Ombres. *Paris, Charpentier*, 1841,
3 vol. in-16 anglais, d.-rel., chag. vert (2).

578. Ballades et légendes, par Siméon Pécontal. *Paris, Margana*,
1846, in-12, d.-rel., chag. vert (2).

C. Fables, Contes, Chansons, etc.

579. Fables et œuvres diverses de La Fontaine, notes de Walke-
naer. *Paris, Didot*, 1841, in-12, d.-rel.

580. Fables de La Fontaine, édition illustrée par Granville. *Paris,
Fournier*, 1838, 2 vol. gr. in-8°, d.-rel., v. violet, *fig.* (2).

581. Fables de Lafontaine et de Florian. *Paris*, 1856, in-12, br.

582. Fables de Florian, illustrées par Granville, suivies de Tobie
et Ruth, et précédées d'une étude sur la vie et les ouvrages de
Florian, par Stahl. *Paris, Dubochet*, 1842, gr. in-8°, d.-rel.,
chag. vert, *fig.* (2).

583. Fables nouvelles (en vers), dédiées à Mme la dauphine, par
Jauffret. *Paris, Béchet aîné*, 1826, 2 vol. in-8°, v. rouge, *portr.,
pap. vélin* (2).

584. Contes de G. Vadé (Voltaire). 1770, in-8°, bas.

585. Recueil de contes et poèmes, par M. D., 4e éd. *Lahaye et
Paris, Delalain*, 1776, in-8°, v. marb., tr. dor., *fig. ,et vign.
d'Eisen* (2).

586. Le petit-neveu de Bocace, ou contes nouveaux en vers, par Pl. D. *Amsterdam*, 1787. 2 tom. en 1 vol. in-8°, d.-rel., v. brun, *pap. rose* (2).

587. Chansons et poésies diverses, par Désaugiers. *Paris, Dufey*, 1834, 3 vol. in-18, v. violet, fers, *fig.* (2).

588. Œuvres complètes de P.-J. de Béranger, édition unique, revue par l'auteur. *Paris, Perrotin (imp. J. Didot)*, 1834, 4 vol. in-8°, d.-rel., v. rouge, *fac-simile, portr. et 104 vign. sur pap. Chine* (2).

589. Chansons nouvelles, musique et épigraphes par Louis Festeau. *Paris, imp. Plon*, 1847, in-16, d.-rel., chag. grenat, *fig.* (2).

590. Idylles et romances, par Berquin. *Paris, Ruault et Moutardier*, 1775-94, 4 vol. in-16, carré, bas. rac., *40 jolies fig. par Mariller* (2).

591. Journée de l'amour, ou heures de Cythère (par la comtesse de Turpin, Guillard, Favart et l'abbé de Voisenon). *Gnide (Paris)*, 1776, in-8°, v. marbr., *fig. et vign. par Taunay* (2).

3. Poètes italiens et anglais.

592. La divine comédie de Dante Alighieri, trad. nouv. avec notes, par P.-A. Fiorentino. *Paris, Gosselin*, 1841, gr. in-16, d.-rel., chag. vert (2).

593. L'enfer de Dante Alighieri, trad. par Artaud (ital.-franç.). *Paris, F. Didot*, 1828, 3 vol. in-16, br., *fig.*

594. La Gerusalemme liberata, de T. Tasso; pub. da Buttura. *Parigi, Didot*, 1828, 4 vol. in-16, br. (1).

595. Jérusalem délivrée, poème traduit de l'italien (par Le Brun), nouv. éd., rev., cor., et enrichie de la vie du Tasse. *Paris, Bossange, an XI (1803)*, 2 vol. in-8°, v. porph., tr. dor., *portr. et 20 fig. par Le Barbier* (2).

596. La Jérusalem délivrée, traduite en vers français par Baour-Lormian. *Paris, imp. de Didot*, 1819, 3 vol. in-8°, bas. rac., *portr. et fig.* (2).

597. Nimfale Fiesolano... di Giovanni Boccaccio. *Londra e Parigi, Molini*, 1778, in-8°, v. porph., tr. fil. dor.

> Bel exemplaire de l'édition estimée, format in-12, tiré grand in-8°, sur papier collé de Hollande.

598. Rolland furieux, poème héroïque de l'Arioste, par le comte de Tressan. *Riom, Salles*, 1824, 6 vol. in-16, d.-rel., *fig.* (1).

599. Ossian, barde du IIIe siècle, poésies galliques, trad. sur l'anglais de Macpherson, par Letourneur, nouv. éd., aug. des poèmes d'Ossian et autres bardes, trad. par Smith, avec notice par Ginguené. *Paris, Dentu*, 1810, 2 vol. in-8°, br., *fig.*

600. Le paradis perdu de Milton. *Paris, Ganeau*, 1753, 3 vol. in-16, v. ant.

601. Les saisons de Thompson, poème, trad. par Deleuze. *Paris*, an x (1801), in-8°, d.-rel., chag. vert, *fig. d'après Le Barbier* (2).

602. Les nuits d'Young, trad. de l'anglois par Letourneur. *Paris, Lejay*, 1770, 2 vol. petit in-12, bas. (1).

603. Œuvres de lord Byron, traduction de Amédée Pichot, précédées d'un essai sur sa vie et son caractère, par le traducteur, et d'un discours préliminaire par Ch. Nodier. *Paris, Furne*, 1830, 6 vol. in-8°, d.-rel., bas. verte, *fig.* (2).

IV. POÉSIE DRAMATIQUE.

1. Introduction, Poètes dramatiques grecs et latins.

604. Essai sur la tragédie, par un philosophe (de Lisle de Sales), S. S. 1772, in-8°, v. *portr.*

605 Le comédien, par Rémond de Saint-Albine. *Paris, Desaint et Saillant*, 1747. — L'esprit de Voltaire, 1759, en 1 vol. in-8°, v. marb.

606. De l'art de la comédie, par de Cailhava. *Paris, Pierres*, 1786, 2 vol. in-8°, d.-rel., bas. verte.

607. Cours de littérature dramatique, ou recueil par ordre de matières des feuilletons de Geoffroy. *Paris, Blanchard*, 1825, 6 vol. in-8°, d.-rel., v. brun. (2).

608. Les fastes de la comédie française, par Ricord aîné. *Paris, Alexandre*, 1821, 2 vol. in-8°, d.-rel.

609. Anecdotes dramatiques (par Clément et l'abbé de la Porte). *Paris, Vᵉ Duchesne*, 1775, 3 vol. pet. in-8°, bas. marb.

610. Le même ouvrage, *même édition*, bas. marb.

611. Le théâtre des Grecs, par le P. Brumoy, 2ᵉ éd., rev. et aug. par Raoul-Rochette. *Paris, Cussac*, 1820-26, 16 vol. in-8°, br. *fig.* (Manque le tom. 3ᵉ.)

612. Théâtre de Sophocle, traduit par de Rochefort. *Avignon,* Séguin, 1809, 2 vol. in-12, bas. rac. (2).

613. Les comédies de Térence, trad. nouv. par Amar (avec le texte) *Paris, Panckoucke*, 1830-31, 3 vol. in-8°, d.-rel., chag. grenat (1).

614. Tragédies de Sénèque, trad. nouv. par Greslou (avec le texte). *Paris, Panckoucke.* 1834, 3 vol. in-8°, d.-rel., chag. grenat. (1).

2. Poètes dramatiques français.

A. Œuvres complètes.

615. Œuvres de Molière, avec un commentaire, un discours préliminaire et une vie de Molière, par Auger. *Paris, Desoer* (*imp. F. Didot*), 1819-25, 9 vol. in-8°, d.-rel., v. brun, *portr. et fig.* (2).

> Belle et bonne édition, recherchée pour la pureté du texte, le mérite du commentaire, la beauté du texte et le fini des 18 gravures, d'après H. Vernet, qui la décorent.

616. Œuvres de Molière, précédées d'une notice sur sa vie et ses ouvrages, par Sainte-Beuve. *Paris, Paulin*, 1835, 2 vol. gr. in-8°, d.-rel., mar. vert. *800 vignettes de T. Johannot.* (2).

617. Œuvres de Molière, avec notes explicatives. *Paris, Lefèvre,* 1838, 2 vol. in-8° br.

618. Œuvres choisies de P. et T. Corneille. *Paris, Emler,* 1829, 5 vol. in-8°, d.-rel. v. fauve, *non rognés.* (2).

619. Commentaires sur Corneille, par Voltaire. *Paris, Carez,* 1822, 2 vol. in-12 br.

620. Œuvres complètes de J. Racine, avec les notes de tous les commentateurs, 2ᵉ éd., pub. par Aimé Martin. *Paris, Lefèvre,* 1822, 6 vol. in-8º, d.-rel. v. brun, *fig. d'après Gérard, Girodet et Prud'hon.* (2).

621. Œuvres de J. Racine. *Paris, Mame-Delaunay,* 1824, 5 vol. in-12, bas. (1).

622. Œuvres de J.-F. Regnard. *Paris, Didot aîné,* 1819, 4 vol. in-8º, d.-rel., v. vert, *pap. vélin.* (2).

623. Œuvres de Regnard, suivies des œuvres choisies de Destouches. *Paris, Ledentu,* 1836, gr. in-8º à 2 col., d.-rel. v. violet, *portr.* (1).

624. Œuvres dramatiques de N. Destouches, avec une notice sur sa vie et ses ouvrages (par de Senone). *Paris, Lefèvre (imp. Crapelet),* 1811, 6 vol. in-8º br., *fig.*
Bonne édition, ornée d'un beau portrait et de gravures. *Exemplaire sur papier vélin.*

625. Les mêmes œuvres. *Paris, Tenré (imp. Crapelet),* 1820, 6 vol. in-8º, d.-rel. v. gris, *portr.* (2).

626. Œuvres de Crébillon, avec les notes de tous les commentateurs, pub. par Parrelle. *Paris, Werdet et Lequien (imp. J. Didot),* 1828, 2 vol. in-8º, d.-rel. bas. grise, *portr. et fig. d'après Deveria.*

627. Théâtre de Voltaire. *Paris, Carez,* 1820-21, 7 vol. in-12, br.

628. Commentaires sur les tragédies et les comédies de Voltaire, par Lepan. *Paris,* 1826, 2 vol. in-12, d.-rel. (1).

629. Œuvres de Lemierre, précédées d'une notice sur la vie et les ouvrages de cet auteur, par Périn. *Paris, Maugeret,* 1810, 3 vol. in-8", bas. rac. (2).

630. Œuvres complètes de Collin-d'Harleville, avec notice sur sa vie, par Andrieux. *Paris, Barba,* 1828, 8 vol. in-16, d.-rel., *portr. et fig.* (1).

631. Œuvres de Ducis (y compris les œuvres posthumes). *Paris, Ladvocat,* 1827, 6 vol. in-18, d.-rel. v. bleu, *pap. vélin* (2).

632. Théâtre, Messéniennes et poésies diverses de C. Delavigne. *Paris, Furne,,* 1833, 5 vol. in-8°, d.-rel. v. violet, *fig. de A. Johannot* (2).

633. Œuvres complètes de Casimir Delavigne, pub. sous sa direction. *Paris, Desrez*, 1836, gr. in-8° à 2 col., d.-rel. (1).

634. Théâtre complet de E. Scribe. *Paris, Aimé André*, 1834-35, 20 vol. in-8°, d. rel. bas. violette, *fig.* (2).

B. Recueils de pièces détachées, Opéras, Proverbes. — Théâtre anglais.

635. Théâtre contemporain, 30 pièces *de la collection la France dramatique*, en 1 vol. gr. in-8°, d.-rel. bas. violette (2).

636. Vingt-deux comédies ou drames modernes, en 1 vol. gr. in-8°, d.-rel. chag. brun (2).

637. L'honneur et l'argent, par Ponsard ; — le Demi-monde, par A. Dumas fils ; — Gusman, par Méry ; — un Homme de bien, par E. Auger. *Paris*, 1845-55, en 1 vol. in-12, d.-rel. chag. grenat (2).

638. Théâtre de l'Opéra-Comique, ou recueil des pièces restées à ce théâtre. *Paris*, 1811-12, 8 vol. in-16, br.

639. Guillaume-Tell, Robert-le-Diable, Gustave III, la Muette de Portici, les Huguenots, la Juive, Fra Diavolo, la Sirène, etc., vingt pièces en 1 vol. gr. in-8°, d.-rel. chag. brun (2).

640. Le prophète, l'enfant prodigue, Ali-Baba, la Muette de Portici, le Comte Ory, Guido et Ginevra, les Huguenots, Gustave III et 16 autres opéras ou comédies, *de l'édition Vialat*, en 1 vol. gr. in-8°, d.-rel. bas. brune (2).

641. Proverbes dramatiques de Théodore Leclercq, nouv. éd. *Paris, Aimé André et Ladrange*, 1835-36, 8 vol. in-8°, d.-rel. v. grenat, *fig. d'après A. Johannot* (2).

642. Œuvres complètes de Shakspeare, trad. de l'anglais par Letourneur, nouv. éd., rev. et cor. par Guizot et A. P. (Pichot), précédées d'une notice biographique et littéraire par Guizot. *Paris, Ladvocat*, 1821, 13 vol. in-8° br., *portr.*

643. Les mêmes œuvres, même trad., nouv. éd., avec notice,
par Meyer. *Paris, Saintin.* 1835, 2 vol. gr. in-8°, d.-rel. v.
brun, *portr.* (2).

V. FICTIONS EN PROSE.

1. Romans, Contes et Nouvelles.

A. Ouvrages français.

644. L'hystoyre et plaisante cronicque du petit Jehan de Saintré
et de la jeune dame des belles cousines, sans autre nom nom-
mer (par Ant. de la Salle). pub. d'après les manuscrits de la
bibliothèque royale, par J.-M. Guichard. *Paris, Gosselin,*
1843, gr. in-16, d.-rel. chag. vert (2).

645. Aventures de Télémaque, suivies des aventures d'Aristo-
noüs et de l'examen de conscience sur les devoirs de la royauté,
par Fénelon, précédées de l'éloge de Fénelon, par Laharpe.
Paris, Baudouin, 1828, 2 vol. in-8°, d.-rel. v. gris (2).

646. Mémoires de la vie de Melle Delfosses, ou le chevalier Bal-
tazard. *Paris, Barbin,* 1695, *in*-16, v. ant.

647. Histoire de Gil-Blas de Santillane, par Lesage. *Montar-
gis, Prévost,* 1785, 4 vol. in-12, br.

648. La même histoire, vignettes par J. Gigoux. *Paris, Paulin.*
1835, gr. in-8°, d.-rel. v. brun, *fig.* (2).

649. L'Ecumoire, histoire japonaise, par de Crébillon fils. *Londres,* 1735, 2 tom. en 1 vol. in-16, v. marb. tr. dor., *fig.* (2).

650. Contes moraux, par Marmontel. *Lahaye,* 1761, 2 vol. in-
12, v. ant.

651. Le moyen d'être heureux, ou le temple de Cythère, avec
les aventures de Chansy et de Ranné. *Amsterdam, Mortier,*
1750, 2 part. en 1 vol. in-12, v. ant.

652. Les amours du chevalier de Faublas, par Louvet. *Paris,
an* VI (1798), 4 tom en 2 vol. in-8°, bas., *fig.* (2).

653. Les aventures du chevalier de Faublas, par Louvet de Cou-
vray, précédées d'une notice sur l'auteur, par Philipon de la

Madeleine. *Paris, Mallet,* 1842, 2 vol. gr. in-8°, d.-rel. v. grenat, *300 vignettes* (2).

654. Corinne ou l'Italie, par Mme de Staël. *Paris, Nicolle,* 1819, 3 vol. in-12, d.-rel.

655. Notre-Dame de Paris, par Victor Hugo. *Paris, Renduel,* 1836, 3 vol. in-8°, d.-rel. v. vert, *fig. sur acier* (2).

656. Œuvres illustrées de Balzac, 37 romans et le théâtre complet. *Paris, imp. Simon,* 2 vol. gr. in-4°, d.-rel. chag. rouge (2).

657. Geneviève, histoire d'une servante, par de Lamartine. *Paris,* 1855, gr. in-16, d.-rel. chag. grenat (2).

658. Caractères et paysages, par Ph. Chasles. *Paris, Mame-Delaunay,* 1833, in-8° carton. (2).

659. La comédie de la mort (et poésies diverses), par Th. Gautier. *Paris, Desessarts,* 1838, in-8°, d.-rel. chag. grenat (2).

660. Le Juif-Errant, par Eugène Sue, éd. illustrée par Gavarni. *Paris, Paulin,* 1845, 4 tom. en 2 vol. gr. in-8°, d.-rel. bas. violette, *fig.* (2).

661. Œuvres de Georges Sand, illustrées par Tony Johannot et Maurice Sand, 33 romans ou nouvelles, *édition J. Hetzel,* 3 vol. in-4°, d.-rel. bas. violette (2).

662. Nouvelles et chroniques, par Emile Ch. Prou. *Paris et Angers,* 1836, in-16, mar. violet, tr. dor., *fig.* (2).

663. Le rouge et le noir, par Stendhal (Henry Beyle). *Paris,* 1855, gr. in-16, d.-rel. chag. grenat (2).

664. Diane de lys, Ce qu'on ne sait pas, Grangette, etc., par A. Dumas fils. *Paris,* 1855, gr. in-16, d.-rel. chag. grenat (2).

665. Le pays latin, scènes de campagne, par H. Murger. *Paris, Michel Lévy,* 1856, 2 tom. en 1 vol. gr. in-16, d.-rel. chag. grenat (2).

666. Jane la pâle, la Peau de chagrin, mémoires de deux jeunes mariées, par de Balzac; mémoires d'un page, par Marco Saint-Hilaire; mes prisons de Silvio Pellico et le théâtre de Beaumarchais, en 1 vol. gr. in-4°, d.-rel. chag. brun. (2).

667. La Dame aux Camélias; le chevalier de Maison-Rouge;
l'Habit vert; trois Rois, trois Dames; la ferme de Primerose;
la Marâtre; la Closerie des Genêts; le Courrier de Lyon, et
autres pièces du théâtre contemporain, en 1 vol. gr. in-4º,
d.-rel. chagr. brun (2).

668. Dix romans illustrés, par Méry, Souvestre, Nus, S. Lapointe
et autres, *édition de Gonet et Marescq*, en 1 vol. gr. in-8º,
d.-rel. bas. grenat. (2).

669. Douze romans illustrés, par Méry, Paul Féval, de Mirecourt,
Elie Berthet et autres, en 1 vol. gr. in-4º, d.-rel. bas.
brun (2).

670. Romans populaires illustrés. *Paris, Barba*; 71 romans de
divers auteurs, en 4 vol. gr. in-4º, d.-rel. (2).

671. Le courrier des lecteurs, ou choix de feuilletons. *Paris*,
1843-44, 2 vol. in-8º, d.-rel., *fig.* (2).

B. Ouvrages étrangers.

672. La monaca di Monza (di Giov. Rosini). *Parigi, Baudry*, 1840,
2 vol. in-12 br.

673. I promessi sposi da Al. Manzoni. *Firenze, Piatti*, 1830, 3
vol. in-12 br.

674. L'ingénieux hidalgo don Quichotte de la Manche, par Cer-
vantès, trad. et annoté par L. Viardot. *Paris, Dubochet*, 1836-
37, 2 vol. gr. in-8º, d.-rel. mar. grenat. *800 vignettes de T.
Johannot* (2).

675. Aventures et espiégleries de Lazarille de Tormes (Gon-
zalès), écrites par lui-même. *Paris, Didot jeune, an* IX (1801),
2 tom. en 1 vol. in-8º, d.-rel. *40 fig. et portr. par Ranson-
nette* (2).

676. Contes fantastiques de Hoffman, trad. nouv. avec notice,
par H. Egmont. *Paris, Perrotin*, 1840, 4 vol. in-8º, br.,
vign. d'après Rogier (2).

677. Contes fantastiques de Hoffmann, trad. nouv., précédés
de souvenirs intimes sur la vie de l'auteur, par Christian,
illustrés par Gavarni. *Paris, Lavigne*, 1843, gr. in-8º, d.-rel.
chag. grenat, *fig.* (2).

678. Werther par Gœthe, trad. nouv. par Pierre Leroux. *Paris,
Hetzel,* 1845. gr. in-8º, d.-rel., chag. grenat. 10 *eaux fortes
par T. Johannot* (2).

679. Contes du chanoine Schmidt, traduction de Cerfberr de
Medelsheim, illustrations par Gavarni. *Paris, Royer,* 1843.
2 vol. gr. in-8º, d.-rel, chag. rouge, *fig.* (2).

680. Clarisse Harlowe, trad. par de Goy. *Paris,* 1851. — La case
du père Tom, et quatre autres romans illustrés en 1 vol. gr.
in-4º, d.-rel., chag. brun (2).

681. Contes d'Hamilton. *Paris, de Bure (imp. F. Didot),* 1826.
2 vol. in-16 br. (2).

682. Le vicaire de Wakefield, par Goldsmith, trad. en franç. avec
le texte anglais en regard, par Ch. Nodier. *Paris, Bourguele-
ret,* 1838. in-8º, v. violet. *Vign. de T. Johannot* (2).

683. Œuvres de Walter Scott, trad. nouv. avec des notes explicatives, par Albert Montemont. *Paris, Armand Aubrée,*
1830-32. 27 vol. in-8º, et 1 vol. gr. in-8º, comprenant les
planches, d.-rel., v. gris. *fig.* (2).

684. Walter Scott et les Écossais, par Leitch Ritchie, trad. de
l'anglais. *Paris, Desenne,* 1835, in-8º, d.-rel., v. brun, *pap.
velin, 21 grav. anglaises d'après Catermole* (2).

685. Œuvres de Fenimore Cooper, traduites par Defauconpret,
avec des notes. *Paris, Furne, Gosselin et Perrotin,* 1830-35.
14 vol. in-8º, d.-rel., v. bleu. *fig.* (2).

686. Souvenirs d'un médecin (de Sam. Warren), par Ph. Charles.
Paris, 1855, gr. in-16, d.-rel., chag. grenat (2).

687. Les mille et un jours, contes persans, turcs et chinois,
trad. par Petit de la Croix, Cardonne, Caylus etc. *Paris, Pourrat,* 1844, gr. in-8º, d.-rel., chag. bleu, *texte illustré* (2).

2. Facéties, etc.

688. Democritus ridens, sive corpus recreationum honestarum,
cum exorcismo melancholiæ (auct. Langio) *Amstelodami, apud
Jansonium,* 1655, pet. in-12, v. ant. (2).

689. Œuvres de Rabelais, avec notes du bibliophile Jacob. *Paris, Charpentier*, 1840, in-12, d.-rel., v. grenat.

690. Petites misères de la vie humaine, par Oldnick et Grandville. *Paris, Fournier*, 1843, gr. in-8°, d.-rel., v. vert. *fig.* (2).

691. Scènes de la vie publique et privée des animaux, vignettes par Granville; études de mœurs contemporaines publiées sous la direction de Sthal. *Paris, Hetzel et Paulin*, 1842, 2 vol. gr. in-8°, d.-rel., chag. vert. *fig.* (2).

692. Le diable à Paris, Paris et les Parisiens, texte par Balzac, F. Soulié, Méry etc., illustrations par Gavarni et autres, *Paris, Marescq et C*ie, 1853. — Voyage où il vous plaira, par Alfred de Musset, et Stahl, vignettes par Tony Johannot. *Paris, Marescq et C*ie, 1852, en 1 vol. in-4, d.-rel., chag. vert. *fig,* (2).

693. Physiologie du mariage, par de Balzac. *Paris, Charpentier*, 1838, gr. in-18, d.-rel., chag. vert (2).

VI. PHILOLOGIE.

1. Philologie proprement dite.

694. De la manière d'enseigner et d'étudier les belles lettres, par Rollin. *Paris, Estienne*, 1765-70, 4 vol. in 12, v. marb. (1).

695. Cours d'études, pour l'instruction du prince de Parme, par Condillac, *Genève et Lyon*, 1789, 14 vol. in-12, bas. (1).

696. Les beaux-arts réduits à un même principe (par Batteux). *Paris, Durand*, 1757, pet. in-8°, v. ant. *armes.*

697. Principes de la littérature, par l'abbé Batteux. *Paris, Saillant et Nyon*, 1774, 5 vol. in-12, bas. marb. (1).

698. Lycée ou cours de littérature, par La Harpe, suivi des chefs-d'œuvre dramatiques de l'auteur, avec notes, par Mely Janin. *Paris, Costes*, 1813-14, 17 vol. in-12, bas. rac. (1).

699. Traité de littérature, par Lefranc, — Poétique. *Paris, Perisse*, 1837, in-12, d.-rel. (1).

700. Répertoire de la littérature ancienne et moderne (par ordre alphabétique des auteurs, avec extraits et notes par sommités

de la littérature). *Paris, Castel de Courval*, 1824-27, 31 vol.
y compris celui de supplément, in-8°, br.

701. Écrivains et hommes de lettres, par L. Ulbach. *Paris, Delahays*, 1857, in-12, d.-rel.

2. Satires, Adages, Anas, Esprits.

702. Satires de Pétronne, nouv. trad., par D. (Durand). *Paris,
Bertrandet*, 1803, 2 vol. in-8, bas. rac. (2).

703. Euphormionis lusinini, sive J. Barclaii Satyricon, cum clave,
accessit conspiratio anglicana. *Amstelodami, ex off. Elzeviriana*,
1658, pet. in-12, v. ant.

704. Adagiorum Chiliades quatuor cum sesquicenturia Des.
Erasmi; Henrici Stephani animadversiones in Erasmicas,
quorondam adagiorum expositiones. *Oliva Roberti Stephani*,
1558, in-fol., bas.

> Belle et bonne édition, aussi remarquable par la correction du texte
> que par l'exécution typographique.

705. L'improvisateur français, par (S. Sallentin de l'Oise). *Paris,
Gougeon*, an XII, 1804, 21 vol. in-12, carton.

> Incomplet des tom, 1 à 6, 7, 12, et 17 à 21.

706. L'esprit de Montaigne (par Pesselier). *Berlin (Paris)*, 1753,
2 vol. in-12, v. marb. (1).

707. Menagiana (par Galland et Goulley) 2e éd. aug. (par l'abbé
Faydit). *Paris, Delaulne*, 1694, in-12, v. ant. (2).

708. Santeüilliana, ou les bons mots de M. de Santeuil. *A La
Haye, Crispin*, 1708, in-8°, v. ant. (1).

709. Le véritable esprit de J.-J. Rousseau, par l'abbé Sabatier
de Castres. *Metz, Collignon, an* XII, 1804, 3 vol. in-8°, bas.
rac. fil. dor. (1).

710. Esprit de Mme Necker, par M. B. D. V. *Paris, Collin*, 1808,
in-8°, carton.

> Envoi autographe de l'auteur au chanteur Lays.

VII. DIALOGUES ET ÉPISTOLAIRES.

711. Le notti Romane, di Alessandro Verri, con la vita di Eros-
trato. *Lione, Janon*, 1823, 2 vol. in-16, br.

712. Lettres de Phalaris, tyran d'Agrigente, trad. par Benaben.
Angers, V^c Pavie, 1803, in-8º, **br.**
> Exemplaire tiré in-4' sur papier vélin.

713. Le même ouvrage. *Autre exemplaire*, pap. ord. br.

714. Lettres de Pline le jeune, et son panégyrique de Trajan,
trad. par de Sacy, nouv. éd. rev. et corr., par Pierrot (avec
le texte lat.) *Paris, Panckoucke*, 1832-33, 3 vol. in-8, d.-rel.,
chag. grenat (1).

715. Lettres et épitres amoureuses d'Héloîse et d'Abeilard (avec
les imitations qui en ont été faites en vers français). *Genève
(Paris)*, 2 tom. en 1 vol. in-16, d.-rel., chag. noir, *portr.* (2).
> De la collection Cazin.

VIII. POLYGRAPHES.

716. Œuvres complètes de Cicéron, en latin et en français, trad.
nouv., par Andrieux, Champollion-Figeac, de Guerle, Delcasso,
de Golbery, du Rosoir, Ajasson de Gransagne, Guéroult, Liez,
Matter, Panckoucke, Péricault, Pierrot, Rabanis et Stiévenart.
Paris, Panckoucke, 1830-37, 36 vol. in-8º, d.-rel., chag.
grenat (1).
> Manquent les 5e et 32e vol.

717. Œuvres choisies du roi René, avec une biographie et des
notices, par le comte de Quatrebarbes, 2e éd. *Paris, Picard*,
1849, 2 vol. gr. in-4º, br. *Grand papier, nombreux dessins,
par Hawke.*

718. Œuvres complètes de La Fontaine, avec les notes de tous
les commentateurs et des notices historiques en tête de chaque
ouvrage (texte de Walckenaer). *Paris, Dupont*, 1826, 6 vol.
gr. in-8º, br., *pap. velin, portr.*
> Manque le 3e vol. comprenant les contes.

719. Œuvres de La Fontaine, nouv. éd. revue, mise en ordre et
accompagnée de notes par Walckenaer. *Paris, Debure (imp.*

J. *Didot aîné*), 1827, 6 vol. in-8º, d.-rel., v. bleu. *fig.* (2).

> Édition justement estimée ornée de nombreuses figures, d'après Moreau et T. Johannot.

720. Œuvres complètes de Fléchier, avec une notice sur sa vie et ses ouvrages, par Fabre de Narbonne. *Paris, Boiste fils,* 1828, 10 vol. in-8º, d.-rel., *portr.* (1).

721 Les mêmes œuvres, *même édition* br. *portr.*

722. Œuvres de Fénelon, archevêque de Cambrai. *Paris, Lefévre et Pourrat,* 1838, 5 vol. gr. in-8º, d.-rel. (1).

723. Œuvres complètes de Rollin, accompagnées d'observations, par Letronne, et suivies des éclaircissements historiques faisant suite aux œuvres de Rollin, par Letronne. *Paris, imp. F. Didot,* 1821-25, 31 vol. in-8º, br. *non coupé.*

> La meilleure édition des OEuvres de Rollin; elle comprend Histoire ancienne, 12 vol., Histoire romaine, 13 vol., Traité des études, 4 vol., OEuvres diverses et éclaircissements, 2 vol. — *épuisée.*

724. Œuvres de A. René Lesage (notice par Audiffret). *Paris, Ledoux,* 1828, 12 vol. in-8º, d.-rel., v. noir. *fig. sur acier* (2).

725. Œuvres de Montesquieu, nouv. éd. *Amsterdam et Leipzig,* 1777-79, 7 vol. in-12, v. marb. (1).

726. Les mêmes Œuvres. *Paris, Pourrat,* 1835, 6 vol, in-8º, d.-rel. v. fauve (2).

727. Les mêmes Œuvres (notice par Walckenaer). *Paris, Desrez,* 1839, gr. in-8º à 2 col., br. *portr.* (1).

728. Œuvres complètes de Marivaux. *Paris, Vᵉ Duchesne,* 1781, 12 vol. in-8º, v. marb. *port.* (2).

729. Œuvres complètes de Voltaire, avec notes, préfaces, avertissements et remarques historiques et littéraires. *Paris, Armand-Aubrée,* 1829-30, 54 vol. in-8º, d.-rel. mar. vert. *portr.* (2).

730. Œuvres complètes de J.-J. Rousseau, mises dans un nouvel ordre, avec des notes historiques et des éclaircissements, par Musset-Pathay. *Paris, Dupont,* 1823-26, 25 vol. in-8º, d.-rel., non rogné, *portr.* (2).

> Cette édition ne comprend généralement que 23 vol., dans cet exemplaire les tom. 23 et 24, donnent les OEuvres inédites, le 25ᵉ est consacré aux tables générales.

731. Histoire de la vie et des ouvrages de J.-J. Rousseau (par
Musset Pathay), aug. de lettres inédites à Mme d'Houdetot.
Paris, Brière, 1827, 2 vol. in-8°, d.-rel., *non rogné* (2).

732. Œuvres de M. Thomas. *Amsterdam et Paris*, 1773, 4 vol.
in-12, bas. rac. (1).

733. Œuvres complètes de l'abbé de Mably. *Toulouse et Nismes*,
1791, 19 vol. in-12, bas. (1).

734. Œuvres complètes de Beaumarchais, avec notice par Saint-
Marc Girardin. *Paris, Furne*, 1835, gr. in-8° à 2 col., d.-rel.,
v. violet (1).

735. Œuvres de Marmontel. *Paris, Belin*, 1819, 7 vol. in-8°,
 d.-rel. (1).

736, Œuvres complètes de G. Legouvé. *Paris, Janet (imp. J.
Didot ainé)*, 1826-27, 3 vol. in-8°, d.-rel., *fig.* (2).
        Le 3e vol. renferme les OEuvres inédites.

737. Œuvres complètes de Bernardin de Saint-Pierre, mises en
ordre et précédées de la vie de l'auteur, par Aimé Martin.
Paris, Méquignon-Parvis, 1818, 12 vol. in-8°, bas. marb.,
fig. (1).

738. Les mêmes Œuvres, aug. de divers morceaux inédits, mises
en ordre et précédées de la vie de l'auteur, par Aimé Martin.
Paris, Didier, 1833, 12 vol. in-8°, d.-rel., v. violet, *cart. et
fig.* (2).

739. Œuvres complètes de Mme la baronne de Stael-Holstein.
Paris, F. Didot, 1836, 2 vol. gr. in-8°, d.-rel. (1).

740. Œuvres complètes de Volney (avec une notice sur sa vie et
 ses écrits, (par Adolphe Bossange). *Paris, Parmentier et Froment*, 1826, 8 vol. in-8°, d.-rel., v. rouge, *fig.* (2).

741. Œuvres complètes de de Lantier, rev. par Charrin, avec
notice de Gaston de Flotte. *Paris, Desrez*, 1837, gr. in-8° à 2
col., d.-rel., v. violet (1).

742. Œuvres complètes de P.-L. Courier, précédées d'un essai
sur la vie et les écrits de l'auteur, par Armand Carrel. *Paris,
Paulin et Perrotin*, 1834, 4 vol. in-8°, d.-rel , mar. rouge,
portr. (2).

743. Œuvres complètes du v^{te} de Chateaubriant. *Paris, Pourrat et Furne*, 1832-34, 22 vol. in-8°, d.-rel., mar. rouge, *portr. et fig.* (2).

744. Les mêmes Œuvres. *Paris, Ledentu*, 1836, 5 vol. gr. in-8°, d -rel., v. vert (1).

745. Les mêmes Œuvres. *Paris, Pourrat*, 1838-39, 32 vol. gr. in-8° br., *pap. fort, 90 fig. gravées sur acier.*

746. Œuvres de Victor Hugo, illustrées par C. Nanteuil, Beaucé et autres. *Edition Hetzel*, in-4°, d.-rel., bas. brune (2).

IX. COLLECTIONS ET EXTRAITS.

747. Bibliothèque universelle et historique 1686-93 (par J. Leclerc, de la Croze et Bernard). *Amsterdam, Westein*, 1718, 26 vol. pet. in-12, v. ant.

    Incomplet des tom. 1, 5, 8, 12, 13, 15 et 25.

748. Bibliothèque choisie pour faire suite à la bibliothèque universelle, par J. Leclerc, 1703-13. *Amsterdam, Westein*, 1716-18, 28 vol., pet. in-12, v. fauve.

    Incomplet des tom. 1, 2, 3, 4, 6, 7, 10, 11, 13, 15, 18 et 21.

749. Bibliothèque ancienne et moderne pour faire suite aux bibliothèques universelle et choisie, par J. Leclerc, 1714-27. *Amsterdam, Mortier et Westein*, 1714-24, 28 vol. pet. in-12, v. fauve.

    Incomplet des tomes 1, 5, et 22 à 28.

750. Œuvres en prose de André Chénier. *Paris, Gosselin*, 1840, gr. in-18, d.-rel., chag. noir (2).

751. Essais littéraires, par Grange. *Paris, Lebel*, 1824, 2 vol. in-12, d.-rel., mar. rouge.

752. Le fagot d'épines (par F. Grille). *Angers, Pavie*, 1843, in-8°, carton.

753. Les beautés de Sterne, trad. de l'anglais sur la 2e éd. (par V. B.). *Paris, Desenne* (179.). 2 part. en 1 vol. in-8°, d.-rel. (1).

HISTOIRE.

I. PROLÉGOMÈNES HISTORIQUES.

1. Géographie.

754. Concorde de la géographie des différents âges, par Pluche. *Paris, Estienne*, 1772, in-12, v. marb. *cart.*

755. Le même ouvrage, *même édition*, v. ant., *cart.*

756. Dictionnaire théologique, historique, poétique, cosmographique et chronologique, par de Juigné Broisinière, sieur de Mollières, gentilhomme *Angevin. A Rouen, Malassis*, 1668, in-4° bas.

757. Dictionnaire portatif comprenant la géographie et l'histoire universelle (par Morenas). *Avignon, Chambeau*, 1760-62, 8 vol. in-8°, d.-rel.

758. Tableau de l'univers ou géographie universelle. *Paris, Leclerc*, 1788, 4 vol. in-8°, bas. *cart.*

759. Dictionnaire géographique portatif, trad. de l'anglais, par Vosgien. *Paris*, 1784, in-8°, v. ant. *cart.*

760. Dictionnaire géographique, trad. d'Eschard, par Vosgien. *Paris, Delalain*, 1801, gr. in-8°, bas. rac. (1).

761. Nouveau dictionnaire goégraphique, par Vosgien. *Paris*, 1819. in-8°, br. *cart.*

762. Dictionnaire géographique de Vosgien, revu par Malte-Brun. *Paris, Froment*, 1829, in-12 carré, br.

763. Géographie historique, ecclésiastique et civile, par Dom Vaissete. *Paris, Desaint et Saillant*, 1755, 12 vol. in-12, v. marb., *cart.*

764. Grand dictionnaire de géographie universelle, ancienne et moderne, par Bécherelle aîné et Devars. *Paris*, 1854-56, 4 vol. gr. in-4º à 3 col. de chacun 900 pp., en livraisons.

765. Géographie moderne, par l'abbé de La Croix. *Paris, Delalain*, 1805, 2 vol. in-12, bas. *cart.*

766. Dictionnaire universel de géographie moderne, par Perrot et Aragon. *Paris, Edme et Picard*, 1843, 2 vol., et atlas très gr. in-8º, br.

767. Géographie moderne, par Pinkerton, trad. par Walckenaer, rev. par Buache. *Paris, Dentu, an* XII, 1804, 6 vol. in-8º, br.

768. Abrégé de la géographie moderne, par Pinkerton, trad. de l'anglais, et rev. par Buache. *Paris, Dentu*, 1805, in-8º, br. *cart.*

2. Voyages.

A. Voyages dans les diverses parties du monde.

769. Le Voyageur françois, ou la connaissance de l'ancien et du nouveau monde, par l'abbé Delaporte. *Paris, Cellot*, 1772-82, 28 vol. in-12, v. marb.

770. Abrégé de l'histoire générale des voyages, par de la Harpe (et Comeiras), nouv. éd. rev., cor. et aug., par le Bᵒⁿ de Roujoux. *Paris et Lyon, Rusand*, 1830-34, 30 vol. in-8º, d.-rel., v. brun (2).

771. Voyage pittoresque autour du monde, publié sous la direction de Dumont d'Urville. *Paris, Tenré*, 1834-35, 2 vol. très gr. in-8º, d.-rel. bas., *cart. et fig.* (2).

772. Le Voyageur de la jeunesse dans les quatre parties du monde, par Blanchard. *Paris, Le Prieur*, 1812, 6 vol. in-12, br. *64 fig.*

773. Les jeunes Voyageurs en Asie, par Briand. *Paris, Hivert*, 1829, 8 vol. in-16, br., *cart. et fig.*

774. Itinéraire de Paris à Jérusalem, par Chateaubriant. *Paris, Lefèvre*, 1833, 2 vol. in-12, br.

775. Lettres sur la Palestine, ou voyage en Galilée et en Judée, trad. de l'anglais (de Jollifé), par Aubert de Vitry. *Paris, Picard-Dubois*, 1820, in-8°, bas. rac., *cart. et fig.* (1).

776. Les voyages de Jésus-Christ, ou description géographique des principaux lieux et monuments de la Terre sainte, par C. M. D. M. *Paris, Rusand*, 1831, in-8°, br. *cart.*

777. Voyage pittoresque en Asie et en Afrique, résumé général des voyages anciens et modernes, par Eyriès. *Paris, Furne*, 1839, in-4°, chag. vert., *cart. et fig., d'après J. Boilly* (2).

778. Relation du voyage fait en Egypte par le S. Granger en 1730. *Paris, Vincent*, 1745, in-8°, v. ant.

779. Voyage par le cap de Bonne-Espérance à Batavia, à Bantam et au Bengale, 1768-71, par Stavorinus, trad. par Jansen. *Paris, Jansen, an* VI (1798), in-8°, d.-rel., mar. rouge, *cart.*

780. Voyage pittoresque dans les deux Amériques, résumé général de tous les voyages, publié sous la direction de A. d'Orbigny. *Paris, Tenré*, 1836, très-gr. in-8°, d.-rel., chag. vert., *cart. et fig.* (2).

781. Le même voyage, *même édition*, d.-rel., mar. vert., *cart. et fig.* (1).

782. Voyage dans les parties sud de l'Amérique septentrionale, par W. Bartram, trad. par Benoist. *Paris, Maradan, an* IX, 2 vol. in-8°, carton., *cart. et fig.* (2).

B. Voyages en Europe.

783. Journal du voyage de Montaigne en Italie, avec notes, par de Querlon. *Rome et Paris, Le Jay*, 1775, 3 tom. en 2 vol. in-12, d.-rel. (1).

784. Voyage en Suisse, en Lombardie et en Piémont, par le comte Th. Walsh. *Paris, Hivert*, 1834, 2 vol. in-8°, d.-rel., v. vert, *fig.* (1).

785. Voyage pittoresque aux glaciers de Savoye, fait en 1772, par B. (Bourrit). *Genève, Caille*, 1773, in-12, bas.

786. Impressions de voyages, par Alex. Dumas, illustrées, par

Coppin, Lancelot, Baucé, Staal, etc. *Paris, Marescq*, 1855, 3 part. en 1 vol. très-gr. in-8°, d.-rel., chag. bleu, *53 grandes grav. et vign. sur bois, avec le texte* (2).

787. Promenades d'un artiste, Tyrol, Suisse, nord de l'Italie. *Paris, J. Renouard*, in-8°, d.-rel., v. vert, *26 grav. anglaises, d'après Stanfield et Turner* (2).

788. Promenades d'un artiste, Bords du Rhin, Hollande, Belgique. *Paris, J. Renouard*, in-8°, d.-rel., v. vert, *26 grav. anglaises, d'après Stanfield et Turner* (2).

789. Voyage en Autriche, en Moravie et en Bavière, fait en 1809, par Cadet de Gassicourt. *Paris, l'Huillier*, 1818, in-8°, d.-rel., *cart.*

II. CHRONOLOGIE ET HISTOIRE UNIVERSELLE.

790. Tablettes chronologiques par Serieys. *Paris, Obrée*, 1806, in-12, bas. rac.

791. Tableaux chronologiques de l'histoire ancienne et moderne, par Thouret. *Paris, Brissot-Thivars*, 1821, gr. in-4°, obl., carton.

792. Enchiridion historicum, sive universa priorum temporum historia. Authore P. F. *Tolosæ, Henault* (17..), in-12, v. ant.

793. Les ruines, par Volney. *Paris, Renault*, 1846, in-8°, br.

794. Théorie des révolutions, rapprochée des principaux événements qui en ont été l'origine, le développement ou la suite (par Ferrand). *Paris, imp. royale*, 1817, 4 vol. in-8°, bas. rac. (1).

795. Le monde, histoire pittoresque de tous les peuples, depuis les temps les plus reculés, jusqu'à nos jours. *Paris, Dumenil*, 1844, 10 vol. in-8°, br., *339 fig. gravées sur acier.*

III. HISTOIRE DES RELIGIONS.

1. Origines et Histoire générale de l'Église chrétienne.

796. Origine de tous les cultes, ou religion universelle, par Du-

puis. *Paris, Agasse, an* III (1795), 7 tom. en 12 vol. in-8º, d.-rel., bas. (2).

797. Dictionnaire historique des cultes religieux établis dans le monde, depuis son origine jusqu'à présent (par de La Croix). *Paris, Vincent*, 1770, 3 vol. in-8º, v. marb., *fig.* (1).

798. Histoire de l'établissement du christianisme, par Bullet. *Paris, Méquignon,* 1814, in-8º, bas marb. (1).

799. Traité de l'unité de l'Eglise, et des moyens que les princes chrestiens ont employez pour y faire rentrer ceux qui en estoient séparez, par le P. Thomassin. *Paris, Muguet,* 1687, in-8º, v. ant.

800 Les Siècles chrétiens, ou histoire du christianisme dans son établissement et ses progrès, depuis J.-C. jusqu'à nos jours, par l'abbé (Ducreux). *Paris, Gueffier et Moutard,* 1787, 10 vol. in-12, bas.

801. Méthode pour apprendre l'histoire de l'Eglise, par D. G., prieur de Courcelles. *Paris, Delaunay,* 1693, in-8º, v. ant.

802. Eléments de l'histoire ecclésiastique. *Caen, Le Roy,* 1782, in-12, bas. rac. (1).

803. Discours sur l'histoire ecclésiastique par Fleury. *Paris, Hérissant,* 1764, in-12, bas. marb. (1).

804. Histoire ecclésiastique, jusqu'à 1414, par Fleury, avec sa continuation jusqu'à 1595, par le P. Fabre, suivie d'une table générale des matières (par Rondet). *Nismes, Beaume* 1778-79, 25 vol. gr. in-8º, anc. rel. bas. marb.

805. La même histoire, *même édition,* bas. marb. (1).

806. Nouveaux opuscules de l'abbé de Fleury. *Paris, Nyon,* 1807, in-12, bas. rac. (1).

807. Justification des discours et de l'histoire ecclésiastique de l'abbé Fleury (par le P. du Sellier). *Nancy, Nicolaï,* 1736-38, 2 vol. in-12, v. (1).

808. Abrégé chronologique de l'histoire ecclésiastique (par Macquer). *Paris, Hérissant,* 1752, 2 vol. in-8º, v. (1).

809. Histoire de l'Église, par l'abbé de Berault-Bercastel. *Paris, Moutard*, 1778-85, 20 vol. in-12, v. marb. (1).

    Édition originale.

810. Histoire générale de l'Église chrétienne, tirée principalement de l'apocalypse de saint Jean apôtre, trad. de l'anglais de Pastorini (Walmesley), par un bénédictin (Wilson). *Saint-Malo, Hovius*, 1807, 3 vol. in-12, br.

2. Histoire de l'Église à certaines époques, Église de France, Missions.

811. Réflexions sur chaque siècle de l'histoire ecclésiastique, par l'abbé Racine. *Cologne*, 1759, 2 vol. in-12, bas. (1).

812. Mémoires chronologiques et dogmatiques, pour servir à l'histoire ecclésiastique, de 1600 jusqu'en 1716 (par d'Avrigny). *Nismes, Beaume*, 1781, 2 vol. gr. in-8°, v. marb. (1).

813. Mémoires pour servir à l'histoire ecclésiastique pendant le XVIIIe siècle (par Picot). *Paris, Leclerc*, 1806 2 vol. in-8°, d.-rel. bas.

814. Les mêmes mémoires, 2e éd. considérablement augmentée. *Paris, Leclerc*, 1815-1816, 4 vol. in-8°, d.-rel., bas. (1).

815. Histoire de l'Église gallicane, par les PP. Longueval, *Fontenay*, Brumoy et Berthier. ... jusqu'au sacre de Charles X. *Paris*, 1825-28, 26 vol. in-12, carton. (1).

816. Histoire de l'Église de France, par l'abbé Guettée. *Paris, Masson*, 1847, les 2 prem. vol. gr. in-8°, br.

817. Sur la déclaration de l'assemblée du clergé de France, en 1682, par le C^{al} de La Luzerne. *Paris, Potey*, 1821, in-8°, bas. rac. (1).

818. Abrégé de la défense de la déclaration de l'assemblée générale du clergé de France, en 1682, de Bossuet, par l'abbé Coulon. *Londres, Juigne*, 1813, in-8°, bas. rac. (1).

819. Essai historique sur les libertés de l'Église gallicane et des autres Églises de la catholicité, pendant les deux derniers

siècles, par Grégoire, ancien évêque de Blois. *Paris, Baudouin*, 1818, in-8°, bas. rac. (1).

820. Parallèle des Révolutions, par l'abbé Guillon. *Paris, Girouard*, 1792, in-8°, bas. rac. (1).

821. Essai sur la réforme du clergé (par Laurent). *Paris, Durand*, 1789, in-8°. bas. rac. (1).

822. Entretiens patriotiques sur la constitution civile du clergé, par Gourdin. *Béziers*, 1791, in-8°, bas.

823. Histoire du clergé pendant la révolution , par Barruel. *Londres, Baylis*, 1800,2 tom. en 1 vol. in-12, v. rac. (1).

824. Les martyrs du Maine, épisodes précieux de l'histoire de l'Eglise pendant la révolution française, par l'abbé Th. Perrin. *Paris*, 1837, 2 vol. in-12, br., *fig*.

825. Correspondance authentique de la cour de Rome avec la France, depuis l'invasion de l'Etat romain, jusqu'à l'enlèvement du souverain Pontife. *S. L.*, 1809. — Traduction des réclamations des évêques au S. P. Pie VII. *Londres*, 1804. — Mémoire des évêques françois, résidens à Londres. *Londres*, 1802. — Supplément à ce mémoire, *Londres*, 1803, en 1 vol. in-8°, v. jasp. (1).

826. Réclamations pour l'Église de France, contre l'ouvrage de M. le Cte de Maistre par l'abbé Baston. *Paris, Pichard*, 1821, in-8°, bas. rac. (1).

827. Des progrès de la révolution et de la guerre contre l'Église, par l'abbé de Lamennais. *Paris, Belin-Mandar*, 1829, in-8°, br.

828. Choix de lettres édifiantes, écrites des missions étrangères. *Paris, Maradan*, 1807, 8 vol. in-8°, bas. rac. (2).

Manque le tome 1.

829. Annales de la propagation de la foi, suite aux lettres édifiantes. *Paris, Rusand*, 1827-37, en 9 vol. in-8°, d.-rel., cart. (1).

Sans interruption depuis le commencement de la publication jusqu'à la fin de 1837

3. Histoire des Papes et des Ordres religieux.

830. La vie du pape Clément XIV (Ganganelli) (par Caracioli). *Paris, Desaint*, 1775, in-12, v. ant. — Lettres intéressantes du pape Clément XIV. *Paris, Lottin*, 1776, 2 vol. in-12, bas. ant.

831. Histoire du pape Léon XII, par Artaud de Montor. *Paris, Leclerc*, 1843, 2 vol. in-8°, br.

832. Apologie de l'institut des jésuites. *Avignon, Seguin*, 1822, in-12, br.

833. Les trois procès dans un, ou la religion et la royauté poursuivis dans les jésuites (par Bellemare). *Paris, Dentu*, 1827. — Du Croque-mitaine de M. le Cte de Montlosier et de M. de Pradt, par le Vte de Saint-Chamans. *Paris, Dentu*, 1826. — Éloges de Bossuet, par Baucheron de Boissoudy. *Paris, Leclerc*, 1826, en 1 vol. in-8°, bas. rac. (1).

834. Les Trappistes, ou histoire de la Trappe, depuis sa fondation jusqu'à nos jours, par Gaillardin. *Paris, Comon*, 1844, 2 vol. in-8°, br. (1).

835. Histoire de l'Institution des religieuses hospitalières de St-Joseph, sous la règle de St-Augustin. *Saumur, Degouy*, 1829, in-8°, br.

4. Hagiographes.

A. Hagiographes généraux et Vies des Martyrs.

836. La Légende dorée, par Jacques de Voragine, trad. du latin et précédée d'une notice historique et bibliographique, par M. G. B. *Paris, Gosselin*, 1843, 2 vol. in-12, chag. vert (2).

837. Histoire de la vie, mort, passion et miracles des saincts, extraicte et faicte françoise des escrits grecs de Métaphraste, d'Aloisius Lypomanus et autres, par J. Tigeou, *angevin*, revue et augmentée, par R. Benoist, *angevin*. *Paris, Jacques du Puis*, 1585, 3 vol. in-fol., parch.

838. Vies des pères, des martyrs et des autres principaux saints, trad. de l'anglais de Butler, par Godescard. *Lyon et Toulouse, Sens*, 1818, 12 vol. in-8°, br., *fig.*

839. Traité des fêtes mobiles, trad. de l'anglais de Butler (par Nageot), aug. de la vie de Jésus-Christ et de la sainte vierge Marie. *Lyon et Toulouse, Sens*, 1818, 2 vol. in-8°, br., *fig.*

840. Vie des Pères, des martyrs et autres principaux Saints, d'après Butler, par l'abbé Godescard. *Lyon, Sens*, 1818, 12 vol. in-8°, bas. marb. (1).

841. Traité des fêtes mobiles, trad. de Butler (par Godescard). *Lyon, Sens*, 1818, 2 vol. in-8°, bas. marb. (1).

842. Vie des Pères, martyrs, et autres principaux Saints, trad. de Butler, par Godescard. *Paris, imp. Decourchant*, 1833-34, 10 vol. in-8°, br.

843. Abrégé des vies des Pères, des martyrs et autres principaux Saints, par Godescard. *Avignon, Offray*, 1824, 4 vol. in-12 br.

844. Acta primorum Martyrum sincera et selecta... opera et studio Ruinart. *Parisiis, Muguet*, 1789, in-4°, v. ant. (1).

845. Martyrologium romanum Gregorii XIII, Pont. max. jussu editum.., auctore Cæsare Baronio. *Romæ, typis Vaticanis*, 1630, in-fol., v. ant.

846. Martyrologium romanum, Gregorii XIII jussu editum, et Urbani VIII auctoritate recognitum, auctore C. Baronio. *Parisiis, Cottereau*, 1645, in-fol. v. ant. (1).

B. Hagiographes spéciaux.

847. Eclaircissements sur le Martyre de la légion thébéenne, par de Rivaz. *Paris, Berton*, 1779, in-8°, v. fauve, tr. fil. dor. (1).

848. Lettres sur la vérité du martyre de saint Maurice et de sa légion, par l'abbé Mossion. *Angers, Launay-Gagnot*, 1839, in-8°, d.-rel., v. violet, *fig.* (1).

849. Les mêmes lettres, *onze exemplaires*, br.

850. Histoire de saint Martin, évêque de Tours, par Achille Dupuy. *Tours, Ladevèze*, 1852, in-8°, br.

851. Vie de S. François de Salles, par Loyeau, d'Amboise. *Paris. Blaise,* 1833, in-8°, d.-rel., *portr. et fac simile* (1).

852. Panégyrique de S. Vincent de Paul, par Mᵍʳ de Boulogne, 1822. — Instruction sur les missions, par l'évesque de Troyes, 1822. — Lettre de M. Touquet à Mᵍʳ de Boulogne, 1821. — Oraison funèbre du duc de Berry, par le P. Antoine, 1822, et autres brochures en 1 vol. in-8°, bas. rac. (1).

853. Vie de J.-B. de La Salle, instituteur des frères des écoles chrétiennes, par le P. Carreau. *Paris, Méquignon*, 1825, 2 vol. in-12, bas. rac., *portr.*

854. Vie du R. P. D. Antoine (Saulnier de Beauregard), abbé de la Trappe de Meilleray, par deux de ses amis. *Paris, Pehan de la Forêt*, 1840, in-8°, br. *portr.*

855. Vie de M. Olier, curé de Saint-Sulpice, à Paris, fondateur du séminaire du même nom. *Versailles, Lebel,* 1818, in-8°, br., *portr.*

5. Histoire des Hérésies, Sectes et Sociétés secrètes.

856. Publication d'un ancien manuscrit contenant un procès curieux des hérésies qui ont le plus alarmé l'Église. *Paris,* 1840, in-8°, br.

857. Histoire de Photius, patriarche de Constantinople, auteur du schisme des Grecs, par l'abbé Jager. *Paris, Vaton,* 1844. in-8°, br.

858. L'Église schismatique russe, d'après les relations récentes du prétendu saint Synode, par le P. Theiner, trad. par Luquet. *Paris, Gaume,* 1846, in-8°, br.

859. Les plus secrets mystères des plus hauts grades de la Maçonnerie dévoilés, trad. de l'anglois,... *à Jérusalem (Orléans)*, 1768, in-12, bas. *fig.*

860. Recueil précieux de la maçonnerie Adonhiramite (par Guillemain de Saint-Victor), *à Philadelphie (Paris), chez Phila-*

rèthe, rue de l'équerre à l'aplomb, 1787, 3 part. — La vraie
maçonnerie d'adoption, manuel des franches maçonnes. *S. L.
N. D.* en 1 vol. in-18, v. marb. *fig.* (2).

> Deux ouvrages rares, le dernier surtout.

861. Des sociétés secrètes en Allemagne et en d'autres contrées.
Paris, Gide, 1819, in-8º, bas. rac. fil. dor. (1).

862. Doctrine de St-Simon. Recueil de publications saint-smo-
niennes. *Paris,* 1831-32, 11 vol. in-8º, d.-rel. (2).

IV. HISTOIRE ANCIENNE.

1. Origines, Généralités, Histoire des Juifs.

863. Histoire véritable des temps fabuleux, par Guérin du Ro-
cher (le 4e vol. par l'abbé Chapelle). *Paris, Berton,* 1776-79,
4 vol. in-8º, bas. rac. (1).

864. Essai historique et critique sur l'Atlantique des anciens, par
Baer. *Avignon, Seguin,* 1835, in-8º, br., *cart.*

865. Histoire universelle de Justin, extraite de Trogue Pompée,
trad. nouv. par Pierrot et Boitard (avec le texte). *Paris,
Panckoucke,* 1833, 2 vol. in-8º, d.-rel., chag. grenat (1).

866. Mœurs des Israélites, par l'abbé Fleury. *Liège, Broncart,*
1777, in-12, bas.

867. Œuvres complètes de Flavius Josèphe, avec notice, par Buchon. *Paris, Desrez,* 1836, gr. in-8º à 2 col., d.-rel., v.vert. (1).

868. Les mêmes œuvres, *même édition,* br.

869. Histoire du peuple de Dieu, depuis son origine, jusqu'à la
naissance du Messie, par le P. Berruyer. *Paris, Bordelet,*
1742, 10 vol. in-12, bas.

870. Histoire de Samuel, inventeur du sacre des rois. *Paris,
Brissot-Thivars,* 1819, in-8º, br.

871. Histoire de Jérusalem, par Poujoulat. *Paris, Hivert,* 1842,
2 vol. in-8º, br.. *fig. pap. vélin.*

2. Histoire des peuples anciens, des Grecs et des Romains.

872. Œuvres complètes de Rollin, avec une notice, par Andrieux (histoire ancienne). *Paris, Hocquart,* 1829-32, 28 tom. en 14 vol. pet. in-12, d.-rel., *fig.* (1).

873. De l'Egypte après la bataille d'Héliopolis, par le général Reynier. *Paris, Pougens, an* x, 1802, in-8°, d.-rel., *cart.*

874. Voyage du jeune Anacharsis en Grèce (par Barthélemy). *Paris, Debure,* 1786, 7 vol. gr. in-8°, et atlas in-4°, bas. (1).

875. Voyage du jeune Anacharsis. *Paris, Armand-Aubrée,* 1830, 5 vol. in-8°, et atlas in-4° obl. d.-rel., v. bleu (2).
    2 exemplaires du tom. 5, l'un tomé par erreur 4 sur le dos.

876. Histoire des premiers temps de la Grèce, depuis Inachus jusqu'à la chute des Pisistratides, par Clavier. *Paris, Collin,* 1809, 2 vol. in-8°, bas. rac. (2).

877. Histoire d'Alexandre-le-Grand, par Quinte-Curce, trad. nouv. par Aug. et Alph. Trognon (avec le texte). *Paris, Panckoucke,* 1834, 3 vol. in-8°, d.-rel., chag. grenat (1).

878. Grandeur et décadence des Romains, par Montesquieu. *Paris, Louis, an* II, 2 vol. in-16, br., *fig.*

879. Histoire romaine, depuis la fondation de Rome jusqu'à la bataille d'Actium, par Rollin (continuée par Crevier). *Paris, Estienne,* 1758, 16 vol. in-12, bas., *cart.*

880. Histoire romaine de Tite-Live, trad. nouv. par Liez, Verger, Dubois (et Corpet, avec le texte). *Paris, Panckoucke,* 1830-33, 17 vol. in-8°, d.-rel. chag. grenat (1).

881. Abrégé de l'histoire romaine de Anuæus Florus, trad. par Ragon, notice par Villemain (avec le texte). *Paris, Panckoucke,* 1833, in-8°, d.-rel , chag. grenat (1).

882. Histoire Romaine de Caius Velleius Paterculus, trad. par Desprez (avec le texte). *Paris, Panckoucke,* 1835, in-8°, d.-rel., chag. grenat (1).

883. Œuvres de Salluste, trad. nouv. par Rozoir (avec le texte).

Paris, Panckoucke, 1835-38, 2 vol. in-8°, d.-rel., chag. grenat (1).

884. Mémoires de Jules César, trad. nouv., par Artaud (avec le texte et une *notice par Laya*). *Paris, Panckoucke*, 1832, 3 vol. in-8°, d.-rel., chag. grenat (1).

885. Œuvres de Tacite, trad. par Panckoucke (avec le texte), avec l'index et la bibliographie. *Paris, Panckoucke*, 1837-38, 7 vol. in-8°, d.-rel., chag. grenat, *front. et fac-simile* (1).

886. Suétone, trad. nouv. par de Golbery (avec le texte). *Paris, Panckoucke*, 1830-33, 3 vol. in-8°, d.-rel., chag. grenat (1).

887. Histoire des révolutions de la République romaine, par Vertot. *Paris, Menard et Desenne*, 1819, 4 vol. in-16, d.-rel. (1).

888. Rome au siècle d'Auguste ou voyage d'un Gaulois à Rome, par Dezobry. *Paris, Hachette*, 1835, 4 vol. in-8°, v. gris, *cart. et pl.* (1).

889. Histoire des Empereurs romains depuis Auguste jusqu'à Constantin, par Crévier. *Paris, Desaint et Saillant*, 1775, 12 vol. in-12, bas. (1).

890. Nouvel abrégé chronologique de l'histoire des empereurs romains (par Richer). *Paris, Desaint*, 1767, 2 vol. in-8°, v. ant. (1).

891. Histoire du bas empire, par Le Beau, cont. par Ameilhon, tables par Ravier. *Paris, Saillant, Caille et Ravier*, 1758-1817, 29 tom. en 28 vol. in-12. d.-rel. (1).

V. HISTOIRE MODERNE.

1. Europe. — Généralités.

892. Éléments d'histoire générale ; Histoire moderne, par l'abbé Millot. *Paris, Durand*, 1777-78, 5 vol. in-12, v. marb. (1).

893. Essay sur l'histoire générale depuis Charlemagne jusqu'à nos jours, par Voltaire. *S. L.* 1761-63, 8 vol. in-8°, anc. rel. v. porph.

894. Histoire des Croisades, par le P. Maimbourg. *Paris*, *Mabre-Cramoisy*, 1676, 4 vol. in-12, v. ant.

895. La même histoire. *Paris, Mabre-Cramoisy*, 1680, 4 vol. in-12. v. ant. (1).

2. Histoire de France.

A. Géographie et Topographie.

896. Patria. — La France ancienne et moderne, morale et matérielle, ou collection encyclopédique et statistique, par Aicart, Bourquelot, Bravais et autres. *Paris, Dubochet*, 1847, 1 vol. très-gros in-8°, d.-rel., *non rogné*.

897. Dictionnaire encyclopédique de la France, par M. Lebas. *Paris, Didot*, 1840-43. Les 9 prem. vol. in-8°, br. *fig.* (2).

898. Guide pittoresque du voyageur en France, par une société de gens de lettres, de géographes et d'artistes. *Paris, F. Didot*, 1835-38, 6 vol. in-8°, d.-rel., v. grenat. *fig.* (2).

    100 livraisons complètes, 86 cartes et 740 vignettes ou portraits, gravés sur acier.

899. La France pittoresque, par A. Hugo. *Paris, Delloye*, 1835, 3 vol. in-4°, d.-rel., v. gris, *cart. et fig.* (1).

900. Dictionnaire complet des communes de France, par A. Janin. *Angers*, 1851, in-8°, br.

901. Atlas départemental de la France et de ses colonies, 95 cart., dressé par Lorain. *Paris, Michel*, 1836, in-4°, obl. br. (1).

902. Atlas national illustré des 86 départements et des possessions de la France, par Levasseur. *Paris, Combette*, 1852, gr. in-fol., d.-rel.-chag. rouge.

903. La Loire historique, par Touchard-Lafosse. *Paris, Delahays*, 1856, 5 vol. gr. in-8° br., *62 gr. sur acier, et 3 cart.*

904. Le même ouvrage. *Paris, Bourdin*, 1840, tom. Ier, 1re et 2me partie, gr. in-8° br.

905. Voyage dans la Vendée et dans le Midi de la France, par E. de Genoude. *Paris, Méquignon*, 1821, in-8° br.

B. Origines, Mœurs, Usages.

906. Le Mont-Glone, ou Recherches historiques sur l'origine des Celtes, Angevins, Aquitains et Armoriques, et sur la retraite du premier solitaire des Gaules au Mont-Glone, par C. Robin, curé de Saint-Pierre d'Angers. *Paris*, *Valade*, 1774, 2 tomes en 1 vol. in-8°, d.-rel., *non rogné*. (2).

907. Mœurs et vie privée des Français, dans les premiers siècles de la monarchie, par Emile de la Bédollière. *Paris, Rigaud*, 3 vol. in-8° br.

908. La Gaule poétique, par de Marchangy, 5e éd. rev. et cor. *Paris, Hivert*, 1834-35, 8 vol. in-8°, v. bleu, *portr. et fig.* (2).

909. De l'état de la France présente et à venir, par M. de Calonne. *Londres et Paris, Laurent*, 1790, in-8°, bas. rac. (1).

910. Considérations sur la France, (par le Cte de Maistre), 1814. — Des lois fondamentales, 1818. — Réflexions sur l'intérêt général de l'Europe, par de Bonald. — Lettre de M. Burke, 1811. — Lettre à M. le Cte de Cazes, 1817, en 1 vol. in-8°, bas. rac. (1).

911. Châteaux et ruines historiques de France, par Alex. Lavergne, illustrations de Th. Frère. *Paris, Varrée*, 1845, gr. in-8, d.-rel. chagr. bleu, *fig. et vign.* (2).

C. Histoire générale sous les trois races et Histoire à certaines époques.

912. Histoire de France, par Velly, Villaret et Garnier. *Paris, Desaint et Saillant*, 1764-86, 30 vol. in-12, v. marb.
Manquent les tomes 1, 2, 4, 5 et 6.

913. Nouvel abrégé chronologique de l'histoire de France, (par le Pent Henault). *Paris, Prault*, 1761, 2 vol. pet. in-8°, v. marb. fil.

914. Le même Abrégé, continué par des Odoarts-Fantin. *Paris, Prault et Briant*, 1788, 5 vol. in-8°, d.-rel. (1).

915. Elémens de l'Histoire de France, par l'abbé Millot. *Paris, Durand*, 1801, 3 vol. in-12 bas.

916. Histoire de France, par Anquetil. *Paris, Costes*, 1817, 10 vol. in-12 br.

917. La même Histoire, continuée jusqu'à 1844, par de Malastrie. *Paris*, 1845, 6 vol. in-8° br., *fig*.

918. Histoire de France, depuis les temps les plus reculés, jusqu'en 1789, d'après les historiens originaux, par Henri Martin. *Paris, Mame*, 1834-35, 15 vol. in-8°, d.-rel., v. bleu. (2).

919. Abrégé chronologique des grands fiefs de la couronne de France, avec la chronologie des princes et seigneurs qui les ont possédés, (par Brunet). *Paris, Desaint et Saillant*, 1759, in-8° v. ant.

920. Histoire des Français, par Beaudouin, de Brissac. *Angers, Launay-Gagnot*, 1840, in-8°, d.-rel.

921. La Bastille. Mémoires pour servir à l'histoire secrète du gouvernement français, depuis le XIVᵉ siècle jusqu'en 1789, par Dufey. *Paris, Krabbe*, 1835, in-8°, d.-rel., v. vert. (2).

922. Histoire de la rivalité de la France et de l'Angleterre, par Gaillard. *Paris, Blaise (imp. P. Didot)*, 1818, 6 vol. in-8° br. *pap. vélin*.

       Manquent les tomes 5 et 6.

923. Amours et galanteries des rois de France, mémoires historiques sur les concubines, maîtresses et favorites de ces princes, par Saint-Edme. *Paris, A. Costes*, 1830, 2 vol. in-8°, d.-rel., *non rogné*.

D. Histoire particulière sous chaque règne.

a. *De Charlemagne à Louis XIII.*

924. Histoire de Charlemagne, suivie de l'histoire de Marie de Bourgogne, par Gaillard. *Paris, Blaise (imp. P. Didot)*, 1819, 2 vol. in-8° br., *pap. vélin*.

925. Histoire de St-Loys, par messire Jean, sire de Jonville (*sic*), avec des observations de Claude Ménard, *angevin. Paris, Seb. Cramoisy*, 1617, in-4°, parch.

926. Mémoires de messire Philippe de Comines, tome Iᵉʳ, 2ᵐᵉ

partie, avec l'histoire de Louis XI, connue sous le nom de Chronique scandaleuse, par Jean de Troyes. — Divers traitez, contracts, testamens, servant de preuves aux Mémoires de Comines, par Denis Godefroy. *Brusselle, Foppens,* 1714, 2 vol. gr. in-8° bas.

> Exemplaire avec la signature de Pocquet de Livonnière, une note manuscrite de lui, et la signature de l'abbé Rangeard, archiprêtre d'Angers. .

927. Histoire de François Ier, roi de France, par Gaillard. *Paris, Blaise (imp. P. Didot),* 1819, 4 vol. in-8° br., *pap. vélin.*
> Manquent les tomes 1 et 2

928. Histoire de Bertrand du Guesclin, par Guyard de Berville. *Paris, Belin,* 1807, 2 vol. in-12, bas. rac.

929. Histoire abrégée de la vie et des exploits de Jeanne d'Arc, etc., par Jollois. *Paris, Kilian (imp. Didot ainé),* 1821, in-fol. br. (2).
> Ouvrage curieux, contenant le récit de la cérémonie de l'inauguration du monument élevé à Jeanne d'Arc, à Domrémy, en 1820.

930. Histoire de France pendant les guerres de religion, par Lacretelle. *Paris, Delaunay,* 1814, 4 vol. in-8°, bas. rac. (1).

b. *De Louis XIII à Louis XVI.*

931. Abrégé chronologique de l'Histoire de France, sous les règnes de Louis XIII et Louis XIV, (par de Limiers). *Amsterdam, Mortier,* 1722, 2 vol. in-12 bas.

932. Histoire du règne de Louis XIV, par de Limiers. *Amsterdam, aux dépens de la Compagnie,* 1720, 3 vol. in-4°, v. ant., *portr.*

933. Siècle de Louis XIV, par Voltaire, *S. L.,* 1768. 4 vol. in-8°, anc. rel., v. porph.

934. Siècles de Louis XIV et de Louis XV, par Voltaire. *Paris, Carez,* 1820, 3 vol. in-12 br.

935. Mémoires de M. L. C. de R. (de la Rochefoucault), contenant ce qui s'est passé de plus particulier sous le ministère de Richelieu et de Mazarin. *La Haye, Balderon,* 1788, in-12, v. ant. (2).

936. Histoire de Turenne, (par Ramsay). *Paris, Jombert*, 1773, 4 vol. in-12 br.

937. La duchesse de la Vallière, par Mme de Genlis. *Paris, Maradan, an* XII, 1804, in-8º, d.-rel.

938. Mémoires du duc de Saint-Simon, mis dans un ordre chronologique et accompagnés de notes, par Laurent. *Paris, Hivert*, 1826, 6 vol. in-8º, d.-rel., v. brun, *non rogné*. (2).

c. *De Louis XVI au Consulat.*

1. Histoire générale.

939. Histoire de France pendant le XVIIIe siècle, par Lacretelle, 3e éd. rev. et aug. *Paris, Delaunay*, 1812, 6 vol. in-8º, bas. rac. (1).

940. Réflexions sur la Révolution de France, par Ed. Burke. *Paris, Laurent, et Londres, Edward*, (179.), in-8º bas. rac. (1).

941. Considérations sur les principaux événements de la Révolution française, par Mme de Staël. *Paris, Delaunay*, 1818, 3 vol. in-8º, d.-rel. (1).

942. Mémoires du comte de Montlausier sur la Révolution française, le Consulat, l'Empire et la Restauration, 1755-1830. *Paris, Dufey*, 1830, 2 vol. in-8º, d.-rel., v. vert, *portr.* (2).

943. Essai sur la Révolution française, depuis 1789 jusqu'à 1830, par de Norvins. *Paris, Ve Charles-Bechet*, 1832, 2 vol. in-8º, d.-rel., v. violet. (2).

944. Histoire de la Révolution de France, depuis l'ouverture des Etats généraux, jusqu'au 18 brumaire, par l'abbé Papon. *Paris, Poulet*, 1815, 6 vol. in-8º, bas. rac. (1).

945. Histoire populaire de la Révolution française, de 1789 à 1830, par Cabet. *Paris, Pagnerre*, 1839-40, 4 vol. in-8º br.

946. Les Fastes de la France : histoires de la Révolution, 1747-93 ; — de la Terreur, 1793-95 ; — du Consulat, 1795-1804 ; — de l'Empire, 1804-14 ; — de la Restauration, 1814-30, par Delandine de Saint-Esprit. *Paris, Mallet*, 1843, 5 vol. in-12, br.

947. Les Fastes de la Gloire, ou les Braves recommandés à la
postérité, monument élevé aux défenseurs de la patrie, par
une société d'hommes de lettres et de militaires. *Paris, Ladvocat et Raymond*, 1818-22, 5 vol. in-8° br.

948. Histoire de la Révolution française, par Thiers, 8e éd. *Paris, (imp. Claye)*, 1845, 4 vol. gr. in-8°, d.-rel. chagr. violet,
cart. et nombreuses fig. sur acier. (2)

949. Histoire des Girondins, par de Lamartine, 4e éd. *Paris,
(imp. Plon).* 1848, 4 vol. gr. in-8°, d.-rel. chag. noir, 40
portr. sur acier d'après Raffet. (2).

950. Mémoires historiques du chevalier de Fonvielle. *Paris,
Ponthieu,* 1824, 4 vol. in-8°, d.-rel.

951. Souvenirs d'un officier royaliste, par M. de R., ancien colonel d'artillerie (le Cte de Romain). *Paris, Egron,* 1824, 2
tom. en 3 vol. in-8°, d.-rel. chag. violet. (2).

2. Mémoires et Histoires particulières.

952. Louis XVI et ses vertus aux prises avec la perversité de son
siècle, par Proyart. *Paris et Lyon, Rusand,* 1808, 5 vol. in-8°,
bas. rac. (1).

953. Mémoires particuliers sur la captivité de la famille royale à
la tour du Temple. *Paris,* 1817. — La France en deuil, ou le
21 janvier. *Paris,* 1815. — Ode sur la chute du tyran, par
Loyson. *Paris,* 1814, en 1 vol. in-8°, d.-rel.

954. Louis XVI détrôné avant d'être roi, ou tableau des causes
de la Révolution française, par l'abbé Proyart. *Paris, an* XI,
1803, in-8°, bas. rac. (1).

955. Dernier tableau de Paris, ou récit historique de la Révolution du 10 août 1792, par Peltier. *Londres, Elmsly,* 1794, 2
vol. in-8°, d.-rel., *portr.* (1).

956. Mémoires du général Dumouriez, écrits par lui-même.
Hambourg, 1794, 2 part. en 1 vol. in-12, d.-rel.

957. Abrégé des Mémoires pour servir à l'histoire du Jacobi-
nisme, par l'abbé Barruel. *Hambourg, Fauche,* 1801, 2 vol.
in-12, bas. rac. (1).

958. Avis aux Fidèles, 179. — Lettre à Louis XVIII sur la
vente des biens nationaux, par Falconnet. *Paris*, 1814. — Défense de mon apologie contre H. Grégoire. *Paris*, 1791. — La
légitimité du serment civique convaincue d'erreur. 179. —
Lettre d'un curé de campagne. 179. — Et autres pièces du
temps, concernant la constitution civile du Clergé, en 3 vol.
in-8° carton. (1).

959. Les Missionnaires de 93. *Paris, Le Normand*, 1819, in-
8°, br.

960. Dénonciation aux Français catholiques des moyens em-
ployés par l'Assemblée nationale pour détruire la religion catholique, par Audainel (le Cte de Launai). *Londres et Paris*,
1791. — Du Fanatisme dans la langue révolutionnaire, par
Laharpe. *Paris*, 1797, en 1 vol. in-8°, bas. rac. (1).

961. Défense des émigrés français, par de Lally-Tollendal. *Paris*,
Cocheris, 1797, in-8° bas. rac. (1).

962. Histoire et procès des naufragés de Calais, par le duc de
Choiseul. *Paris*, *Bossange*, 1824, in-8°, d.-rel., v. vert. (2).

963. Les véritables Actes des Martyrs, recueillis par le P. Ruinart, trad. par Drouet de Maupertuy. *Paris*, 1824, 3 vol. in-
12 br.

964. Rapport fait au nom de la Commission chargée de l'examen
des papiers trouvés chez Robespierre et ses complices, par
Courtois. *Paris, imp. nationale, an* III, in-8° br.

965. Vie de Lazare Hoche, général des armées de la République,
par Alex. Rousselin. *Paris*, *an* VIII, in-8° br., *portr. et cart.*

966. Histoire de la guerre de la Vendée et des Chouans, depuis
son origine jusqu'à la pacification de 1800, par Beauchamp.
Paris, Giguet et Michaud, 1807, 3 vol. in-8° br., *cart.*

967. Mémoires de Mme de Sapinaud sur la Vendée. *Paris, Audin*,
1823, in-12 br.

968. Histoire des guerres de la Vendée et des Chouans, depuis
1792 jusqu'en 1815, par de Bournisseaux. *Paris*, *Bruneau-*
Labbe, 1819, 3 vol. in-8° br., *cart. et fig.*

969. Mémoires sur les guerres de la Vendée en 1815, par Can-
nel. *Paris, Dentu*, 1817, in-8° br., *cart. et portr.*

d. *Consulat et Empire.*

970. Vie de Napoleon Buonaparte, par Walter Scott. *Paris, Gosselin*, 1827, 16 vol. in-12 br.
Manque le 7e volume

971. Histoire de Napoléon, par de Norvins. *Paris, Furne*, 1833,
4 vol. in-8°, d.-rel., v. bleu, *cart. portr. et fig.* (2).

972. Histoire de l'empereur Napoléon, par Laurent (de l'Ardèche),
illustrée par H. Vernet. *Paris, Dubochet*, 1840, gr. in-8°, v.
vert, *fig.* (2).

973. Mémoires pour servir à la vie d'un homme célèbre (Napoléon), par M... *Paris, Plancher*, 1819, 2 vol. in-8°, d.-rel.

974. Recueil de pièces authentiques sur le Captif de Ste-Hélène,
pub. par Jay. *Paris, Corréard*, 1821, 2 vol. in-8°, d.-rel., *fig.*

975. Manuscrit de 1813, pour servir à l'histoire de l'empereur
Napoléon, par le baron Fain. *Paris, Delaunay*, 1824, 2 vol.
in-8°, d.-rel., *cart.*

976. Napoléon Bonaparte, sa vie réduite aux seuls faits. *Paris*,
1814, in-16 br. — Mes Souvenirs sur Napoléon, par la Ve du
général Durand. *Paris*, 1819, 2 vol. in-12 br.— Anti-Napoléon,
par un Corse. *Paris, Tiger*, in-16 br. — Vie d'Eugène de
Beauharnais, précédée de la vie de l'impératrice Joséphine.
Paris, 1843, in-16 br.

977. Histoire de l'ambassade dans le grand-duché de Varsovie,
en 1812, par M. de Pradt. *Paris, Pillet*, 1815, in-8°, d.-rel.

978. Campagne de 1815, en France et en Belgique, par le
Gal Gourgaud. *Paris, Mongie*, 1818, in-8°, d.-rel.

979. Du Congrès de Vienne, (par M. de Pradt). *Paris, Deterville*,
1815, 2 tom. en 1 vol. in-8°, d.-rel.

980. Le duc de Reichstadt, par de Montbel. *Paris, Lenormant*,
1832, in-8° br., *fac simile.*

e. *De la Restauration à nos jours.*

981. Chute de l'Empire, histoire des deux Restaurations jusqu'à la chute de Charles X, par Ach. de Vaulabelle. *Paris, Perrotin*, 1847, 7 vol. in-8°, d.-rel., bas. verte. (2).

982. Histoire complète du procès du maréchal Ney, par Evariste D... *Paris, Delaunay*, 1815, 2 vol. in-8° carton., *non rogné.*

983. Lettres du Mis de Chabannes au Cte de Blacas, 1815. — Vues sur l'objet de la guerre, par de Montlosier, 1815. — De la Charte selon la monarchie, 1823. —, Lettre à un pair de France, par de Châteaubriand, 1824, en 1 vol. in-8°, bas. rac. (1).

984. Naufrage de la Méduse, en 1816, par Savigny et Corréard. *Paris*, 1817. — Les Sépulcres de la grande Armée, par Hapdé. *Paris*, 1814. — Correspondance politique et administrative, par Fiévée. *Paris*, 1815. — La Religion catholique, par Lucet. *Paris*, 1802. — L'Esprit de la France, par S... *Paris*, 1815, etc., en 1 vol. in-8° carton. (1).

985. Recueil de pièces. *Paris*, 1817, 4 vol. in-8° cart., *non rogné.*

> Appréciation du projet de loi relatif aux trois Concordats, par Lanjuinais. — De quelques abus introduits dans le système religieux. — Encore un Concordat, par le Gal Jubé. — Lettre à un électeur de Paris, par M. de Pradt. — Examen des principes de la majorité et de l'opposition de la Chambre des députés, session de 1816. — Des élections prochaines, par Benjamin Constant. — Candidats présentés aux électeurs de Paris pour 1817. — Le don Quichotte moral et politique, par Esneaux. — Pétition à la Chambre, par Marchand. — Le Post-Scriptum, — les Paquets, — l'Homme gris, — des Progrès du gouvernement représentatif, par M. de Pradt. — Le cri des Auteurs. — Le cri des Peuples, par Crevel. — De la Justice et de la Police, par Aignan, etc.

986. Recueil de pièces. *Paris*, 1818, 2 vol. in-8° cart., *non rogné.*

> Notes secrètes sur la dernière conspiration. — Rapport sur l'avancement militaire, par le Gal de Lameth. — Le cri de l'armée française, par de Saint-Aulaire. — Observations sur le recrutement, par Scheffer. — Lettre à lord Stanhope, par le Gal Jubé. — Le ministère vengé. — Du projet de loi sur la presse, par Comte. — Opinion de M. Martin (de Gray), sur ce projet de loi. — Notes sur quelques articles de journaux, par Benjamin Constant. — Lettre sur le procès

de Wilfrid Regnault, par le même. — Sur les royalistes, par Bail-
leul, etc.

987. L'Ami de la Religion, journal ecclésiastique, politique et
littéraire. *Paris, Leclerc*, 1814-1834, 81 tom. en 41 vol. in-8°
d.-rel. (1).

988. Le Conservateur. *Paris, Le Normant*, 1818 à 1820, 6 vol.
in-8°, bas. rac., fil. dor. (1).

989. Le même ouvrage, *même édition*, carton.

990. Mémoires du colonel Voutier sur la guerre actuelle des
Grecs. *Paris, Bossange*, 1823, in-8°, d.-rel. v. vert. (2).

991. La sagesse profonde et l'infaillibilité des prédictions de la
révolution qui nous menace, ou Memento des rois. *Paris*,
1828. — Devoirs des citoyens fidèles. *Paris*, 1792. — Remède
unique aux maux de l'Eglise et de l'Etat. *Paris*, 1817. — Le
salut et la gloire de la France, (par l'abbé Dourdon). *Paris*,
1821, en 1 vol. in-8°, bas. rac. (1).

992. Deux lettres à l'archevêque de Paris, par de Lamennais,
1829. — Un mot sur la conduite politique des catholiques
belges et français, par le B^on d'Eckstein, 1829. — Plaidoyer
de M. Hennequin, dans l'affaire de l'Estoile, 1826. — Les Jésuites en présence des Chambres, 1828. — Considérations politiques et morales, par le Vte de Bonald, 1829. — Deux brochures politiques, par Cottu, 1829, en 1 fort vol. in-8°, bas.
ac., fil. dor. (1).

993. Bibliothèque royaliste. *Paris, Gide*, 1819, 3 vol. in-8°, bas.
rac. (1).

994. Mémoires pour servir à l'histoire de la révolution de 1830,
publ. par A. Mazas. *Paris*, 1832, in-8° br. (2).

995. Histoire de dix ans, 1830-40, par Louis Blanc, 4e éd. *Paris*,
Pagnerre, 1844, 5 vol. in-8°, d.-rel. chag. grenat. (2).

996. Révolution de 1830 et situation présente, par Cabet. *Paris*,
Mie, 1832, in-8°, d.-rel.

997. Nouveau dictionnaire des Girouettes, ou nos grands hommes
peints par eux-mêmes, par une Girouette inamovible. *Paris*,
1832, in-8° br.

998. Aujourd'hui blanc, demain noir, biographie de nos hommes de circonstance. *Paris*, 1845, in-12 br.

E. Histoire particulière des anciennes provinces

a. *Paris et environs.*

999. Guide des amateurs et étrangers, visiteurs à Paris, par Thiery. *Paris, Hardouin et Gattey*, 1787. 2 vol. in-12, d.-rel., *fig.*

1000. Paris pittoresque, rédigé par une Société de gens de lettres, sous la direction de G. Sarrut et Saint-Edme. *Paris, imp. Prévot et Drouard*, 1842, 2 vol. gr. in-8°, d.-rel. chag. vert, *nombreuses fig. gravées d'après Rouargue*. (2).

1001. Dictionnaire topographique des environs de Paris, par Oudiette. *Paris, Chauson*, 1821, in-8° br.

1002. Voyage pittoresque des environs de Paris, par D... (Dargenville). *Paris, de Bure*, 1768, in-12, v. marb.

1003. Curiosités de Paris, de Versailles, Marly, Vincennes, Saint-Cloud, etc., 2 vol. — Nouveau voyage de France, 1 vol., par L. R. (Saugrain). *Paris, les libraires associés*, 1778, 3 vol. in-12, v. ant., *cart. et fig.*

1004. Histoire physique, civile et morale des environs de Paris, par Dulaure. *Paris, Guillaume*, 1825, 7 tom. en 14 part., in-8° br., *fig.*

b. *Provinces diverses.*

1005. VOYAGES PITTORESQUES ET ROMANTIQUES DANS L'ANCIENNE FRANCE, par Ch. Nodier, J. Taylor et de Cailcux (Franche-Comté). *Paris, imp. J. Didot aîné*, 1825, gr. in-fol., d.-rel. mar. rouge, *non rogné, pap. vélin, fig.*

> Magnifique ouvrage, orné de 148 pl. lithographiées par les grands artistes de l'époque, et orné en outre d'un beau frontispice et de nombreuses vignettes.

1006. Histoire de la ville de Nancy, par Henri Lepage. *Nancy*, 1838, in-8° br., *pl.* (1)

1007. Description du département du Simplon (Valais), par Schnider. *Sion, Avocat*, 1812, in-8° br. (1).

1008. Voyages minéralogiques dans le gouvernement d'Aigle et une partie du Valais, par le Cte de Razoumowski. *Lausanne, Mourer*, 1784, in-8° br., *fig.* (1).

1009. Statistiques des départements du Bas-Rhin, de la Loire-Inférieure, de la Marne, du Mont-Blanc, du Rhône et des Vosges. *Paris, an* x, 6 livr. in-8° br.

1010. Tablettes chronologiques de l'histoire de Touraine, par Chalmel. *Tours, Letourmy*, 1818, in-12 br. — Etudes sur le département d'Indre-et-Loire, par de Croy. *Tours*, 1838, in-16 br. (1).

1011. Histoire de la petite Bretagne ou Bretagne Armorique, par Manet. *Saint-Malo, Carnel*, 1834, les 2 prem. vol. in-8° br , *cart. et fig.*

1012. Recherches économiques et statistiques sur le département de la Loire-Inférieure. *Nantes et Paris, an* xii, in-4° br.

1013. Notices sur le département de la Loire-Inférieure et sur la ville de Nantes, par J. L. B. *Nantes, Forest*, 1832, 2 vol. in-12 br.

1014. Histoire de la persécution révolutionnaire en Bretagne, à la fin du xviiie siècle, par l'abbé Tresvaux. *Paris, Leclerc*, 1845, 2 vol. in-8° br.
      Manque le 1er volume

1015. Annales de Nantes, par Meuret. *Nantes, Merson*, 1830, 2 vol. in-12 br.

1016. Quelques notes sur la ville de Nantes, par Le Cadre. *Nantes, Mangin*, 1824, in-8° br.

1017. Nantes au xixe siècle, par Guépin et Bonamy. *Nantes, Sebire*, 1835. in-16 tiré in-8°, br. *fig.*

c. *Anjou.*

1018. Chroniques d'Anjou et du Maine, par Jehan de Bourdigné, avec avant-propos de M. le Cte de Quatrebarbes et des notes par M. Godard-Faultrier. *Angers, Cosnier et Lachèse*, 1842, 2 vol. gr. in-8° br., *gr. pap. fort.*

1019. Archives d'Anjou, recueil de documents inédits, publiés par Paul Marchegay. *Angers, Labussière*, 1843, in-8° br.

1020. Recherches historiques sur les monuments du haut et du bas Anjou, par Bodin, avec gravures dessinées par l'auteur, 2e éd. rev. et aug. par Paul Godet. *Saumur, Godet*, 1845, 2 vol. in-8°, d.-rel. mar. violet, *fig.* (2).

1021. L'Anjou et ses Monuments, par Godard-Faultrier et Hawke. *Angers, Cosnier et Lachèse*, 1839, 2 vol. gr. in-8° br., *103 pl.*
Ouvrage recherché et entièrement épuisé.

1022. Angers et le département de Maine – et – Loire, de 1787 à 1830, par Blordier-Langlois. *Paris et Angers*, 1837, 2 vol. in-8° br.

1023. Le même ouvrage, *même édition*, br.

1024. Angers et l'Anjou sous le régime municipal, par Blordier-Langlois. *Angers, Cornilleau et Maige*, 1843, gr. in-8°, d.-rel. chag. vert. (2).

1025. Le même ouvrage, *même édition*, d.-rel.

1026. Statistique du département de Maine-et-Loire, par M. de Beauregard. *Angers, Cosnier et Lachèse*, 1850, in-8° br.

1027. Description géologique du département de Maine – et – Loire, par M. Cacarrié. *Angers*, 1848, gr. in-4° br., *pl.*

1028. Souvenirs de l'inondation de Maine-et-Loire, juin 1856, 13 pl. par L Moullin, texte par L. Tavernier. *Angers, Cosnier et Lachèse*, 1856, in-fol. cart.

1029. Le même ouvrage, *même édition*, en feuilles. (2).

1030. Recherches historiques sur la ville de Saumur, ses Monument et ceux de son arrondissement, par Bodin, 2e part. *Paris et Angers*, 18.., in-8° bas.

3. Belgique, Italie et Suisse.

1031. La Belgique monumentale, historique et pittoresque, par Moke, V. Joly et autres, suivi d'un Coup d'œil sur l'état actuel des arts, des sciences et de la littérature, par Baron. *Bruxelles, Jamar et Hen*, 1844, 2 vol. gr. in-8°, d.-rel. chag. bleu, tr. dor., *fig.* (2).
Très-bel ouvrage enrichi d'un grand nombre de vignettes, gravures et figures coloriées.

1032. Italie ancienne, annales, institutions, mœurs et coutumes, par Duruy, Fillon, Lacroix et Yanosky. *Paris, F. Didot*, 1850-51, 2 vol. in-8°, d.-rel. bas. rouge, *192 pl. sur acier*. (2).

1033. Italie pittoresque, par de Norvins, Nodier, A. Dumas, etc. Dessins inédits de Granet, Devéria, Coignet et autres. *Paris, Costes*, 1835-36, très-gr. in-8°, d.-rel. bas. grenat, *cart. et fig*. (2).

1034. Le même ouvrage, 4e éd. *Paris, Pigoreau*, 1850, très-gr. in-8° br., *cart. et fig*.

1035. Lettres sur l'Italie, par Dupaty. *Paris, Duprat-Duverger*, 1818, 3 vol. in-18 br. *fig*.

1036. Italie, par Artaud, — Sicile, par de la Salle. *Paris, F. Didot*, 1835, in-8°, d.-rel., bas. rouge, *2 cart. et 124 fig*. (2).

1037. Histoire d'Italie de 1492 à 1532, par Guicciardini, avec notice par Buchon. *Paris, Desrez*, 1836, gr. in-8° à 2 col., d.-rel. v. violet. (1).

1038. Histoire de la République de Venise, par l'abbé L... (Laugier). *Paris, Duchesne*, 1759-68, 12 vol. in-12, d.-rel.

1039. Histoire et description de la Suisse et du Tyrol, par de Golbery. *Paris, F. Didot*, 1838, in-8°, d.-rel. bas. rouge, *92 fig*. (2).

1040. La Suisse pittoresque et ses environs, par Alex. Martin. *Paris, Souverain*, 1835, gr. in-8°, d.-rel. mar. rouge, *cart. et fig*. (1).

4. Portugal, Allemagne, etc.

1041. Révolutions de Portugal, par Vertot. *Paris*, 1792, in-12 bas rac. (1).

1042. Le Rhin supérieur, par Tombleson. *Londres*, (184.), in-8° carton., tr. dor., *cart. et 70 grav. angl. sur acier*. (1).

1043. Allemagne, par M. Lebas. *Paris, Didot*, 1842, 2 vol. in-8° br. *fig*. (2).

1044. Etats de la Confédération germanique, par M. Lebas. *Paris, Didot*, 1842, in-8° br., *fig*. (2).

1045. Histoire des principaux événements du règne de F. Guillaume II, roi de Prusse, et tableau politique de l'Europe, depuis 1786 jusqu'en 1796 , par L. P. Ségur. *Paris , Buisson ,* an IX, 1800, 3 vol. in-8° d.-rel. bas., *portr.* (2).

5. Angleterre.

1046. Angleterre, par Léon Galibert et Clément Pellé. *Paris, Didot,* 1842 ; les 3 prem. vol. in-8° br., *fig.* (2).

1047. Lettres sur l'Angleterre, par le Vte Walsh. *Paris et Londres,* 1830, in-8°, d.-rel., *fig.* (1).

1048. Histoire de la conquête de l'Angleterre par les Normands, par A. Thierry. *Paris, Sautelet,* 1826, 4 vol. in-8° br.

1049. Histoire d'Angleterre, par Lingard, trad. par le Bon de Roujoux (et pour les tom. 13 et 14 par Amédée Pichot). *Paris, Parent-Desbarres,* 1833-35, 14 tom. en 12 vol. in-8°, d.-rel. (1).

1050. Instructions sur l'histoire d'Angleterre, par Goldsmith, trad. de l'anglais. *Paris, Gueffier, an* x, 1801, 2 vol. in-8° br., *4 fig. et 132 portr.*

1051. Histoire d'Angleterre, par Ol. Goldsmith, continuée par Coote , trad. par Aragon. *Paris , Houdaille ,* 1837 , 4 vol. gr. in-8°, d.-rel. v. rouge, *portr. et fig.* (1).

1052. Histoire pittoresque de l'Angleterre, par le Bon de Roujoux. *Paris,* 1837, 3 vol. gr. in-8° carton., *fig. et cart.*

1053. Histoire de la réforme protestante en Angleterre et en Irlande, par W. Cobbett. *Paris, Méquignon,* 1826, in-8°, d.-rel. (1).

1054. Histoire constitutionnelle d'Angleterre, depuis l'avénement de Henri VII jusqu'à la mort de George II, par Hallam ; trad. revue et publiée par Guizot. *Paris, Guibert et Fournier,* 1828-29, 5 vol. in-8° br.

6. Suède, Russie, Pologne, Grèce et Turquie.

1055. Suède et Norwége, par Lebas. *Paris, F. Didot,* 1838, in-8°, d.-rel., bas. rouge, *cart. et 56 fig.* (2).

1056. Histoire de Charles XII, par Voltaire. *Paris, Carez,* 1820, in-12 br.

1057. Relation du Groënland, (par de la Peyrère.) *Paris, Courbé,* 1647, in-8°, v. ant., *fig.*
Édition originale d'un ouvrage devenu rare.

1058. Russie, par Chopin. *Paris*, *F. Didot,* 1838, in-8°, d.-rel. bas. rouge, *100 fig.* (2).

1059. Le même ouvrage, *même édition,* d.-rel., *fig.*

1060. Histoire de l'empire de Russie sous Pierre-le-Grand , par Voltaire. *Paris, Carez,* 1820, in-12 br.

1061. Crimée. — Région caucasienne, par Famin. — Arménie, par E. Boré. — Abyssinie , par Desvergers. — Et Nubie, par Chérubini. *Paris , F. Didot ,* 1838 , in-8° , d.-rel. bas rouge. *4 cart. et 86 fig.* (2).

1062. Pologne , par Ch. Forster. *Paris , F. Didot,* 1840 , in-8°, d.-rel. bas. rouge, *cart. et 55 fig.* (2).

1063. Histoire de l'anarchie de Pologne et du démembrement de cet empire, par Rulhière. *Paris, Desenne,* 1807, 4 vol. in-12, bas. marb. (1).

1064. Turquie, par Jouannin et J. Van-Gaver. *Paris , F. Didot,* 1838, in-8°, d.-rel., bas. rouge. *2 cart. et 96 fig.* (2).

1065. Grèce , par de Pouqueville. *Paris, F. Didot,* 1835, in-8°, d.-rel. bas. rouge, *2 cart. et 112 fig.* (2).

7. Asie , Afrique, Amérique et Océanie.

1066. Route de l'Inde, ou description géographique de l'Egypte, la Syrie, l'Arabie, la Perse et l'Inde, trad. et rédigée par Henry. *Paris, an* VII, in-8°, d.-rel., *cart.*

1067. La Perse, par L. Dubeux. *Paris , F. Didot ,* 1841 , in-8°, d.-rel., bas. rouge, *2 cart. et 80 fig.* (2).

1068. Histoire philosophique et politique des deux Indes, par Raynal. *Genève, Pellet,* 1781, 10 vol. in-8°, d.-rel., *fig.* (2).

1069. Recueil de pièces, servant de supplément à l'histoire des établissements des Européens dans les deux Indes, par Raynal. *Neufchâtel et Genève*, 1784, in-8º, bas. marb. (1).

1070. Chine, par Pauthier. *Paris, F. Didot*, 1838, in-8º, d.-rel. bas. rouge, *cart. et 72 fig.* (2).

1071. Résumé de l'histoire de la Chine, par M. de S... *Paris*, 1825, in-16 br.

1072. Egypte, par Champollion-Figeac. *Paris, F. Didot*, 1838, in-8º, d.-rel., bas. rouge, *cart. et 92 fig.* (2).

1073. L'Algérie ancienne et moderne, par Léon Galibert, vig. par Raffet et Rouargue frères. *Paris, Furne*, 1844, gr. in-8º, d.-rel. chag. vert, *cart. grav. et fig. color.* (2).

1074. Tableau de l'Algérie, par J. Duval. *Paris*, 1855, in-12 br. carton.

1075. Etats-Unis d'Amérique, par Roux de Rochelle. *Paris, F. Didot*, 1837, in-8º, d.-rel., bas. rouge, *cart. et 96 fig.* (2).

1076. Brésil, par F. Denis. — Colombie et Guyanes, par Famin. *Paris, F. Didot*, 1737, in-8º, d.-rel., bas. rouge, *2 cart. et 100 fig.* (2).

1077. Souvenirs d'un vieux colon de l'île Maurice, depuis 1790 jusqu'en 1837, par Farquhar. *La Rochelle, Boutet*, 1840. in-8º br.

1078. Chili, Paraguay, Uruguay, Buénos-Ayres, par Famin, — Patagonie, terre du Feu et archipel des Malouines, par F. Lacroix, — Iles diverses des trois Océans, par Bory de Saint-Vincent et F. Lacroix. *Paris, F. Didot*, 1840, in-8º, d.-rel., bas rouge, *6 cart. et 80 fig.* (2).

1079. Histoire et description des îles de l'Océan par Bory de Saint-Vincent. *Paris, Didot*, 1839, in-8º, d.-rel. *fig.*

1080. Océanie, ou cinquième partie du monde, par Domeny de Rienzi. *Paris, F. Didot*, 1836-37, 3 vol. in-8º, d.-rel., bas. rouge, *cart. et 504 pl. sur acier.* (2).

VI. PARALIPOMÈNES HISTORIQUES.

1. Chevalerie, Noblesse, Blason et Archéologie.

1081. Le pas d'armes de la Bergère, maintenu au tournoi de Ta-
rascon, publ. d'après le mm. de la bibliothèque du roi, avec
un précis de la chevalerie et des tournois, par Crapelet. *Paris,
imp. de Crapelet*, 1835, gr. in-8° br.

> Ce beau volume imprimé sur papier jésus vélin, est orné d'un fac-
> simile du manuscrit et d'une miniature.

1082. Tableau chronologique et historique des ordres de chevalerie depuis le IVe siècle, par Lablée. *Paris, Colas*, 1807, in-12 br.

1083. Histoire des chevaliers de Malte, par Vertot. *Paris, Quil-
leau*, 1727, 5 vol. in-16, v. ant.

1084. La même histoire. *Amsterdam*, 1780, 5 vol. in-12 bas. (1).

1085. La même histoire (avec la continuation par Charles Malo.)
Paris, Janet (imp. P. Didot), 1819, 7 vol. in-8°, br., *pap.
vélin*.

1086. Histoire de Sablé, première partie (généalogie des maisons
de Sablé et de Craon avec des remarques et des preuves), par
Ménage. *Paris, Le Petit*, 1683, pet. in-fol. v. ant.

> Bon exemplaire et en première reliure d'un ouvrage curieux et re-
> cherché pour les détails intéressants qu'il contient sur l'histoire d'An-
> jou. La 2e partie est restée en manuscrit.

1087. Nouveau Manuel complet du Blason, ou Code héraldique,
par Jules Pautet. *Paris, Roret*, 1843, in-16, d.-rel. chag.
bleu, *fig.* (2).

1088. Costumes militaires de la République et de l'Empire.
45 pl. coloriées, d'après H. Bellengé, gr. in-8°, d.-rel. chag.
vert. (2).

1089. L'Antiquaire, ou le Guide des étrangers pour le cours (la
visite) des antiquités de Rome, par Dalmazzoni. *Rome*, 1804,
in-12 br.

1090. Pompéi, décrit par Ch. Bonucci. *Naples, imp. française*,
1828, in-8° carton. *fig.* (1).

2. Histoire littéraire.

1091. Querelles littéraires, depuis Homère jusqu'à nos jours, (par Irail). *Paris, Durand* (1761), 4 vol. in-12, bas. rac. (1).

1092. Paléographie des classiques latins, d'après les plus beaux manuscrits de la Bibliothèque royale de Paris, par A. Champollion, avec introduction par Champollion-Figeac. *Paris, Panckoucke,* 1837, in-4º br. *pap. vél., pl. color.* (1).

1093. Histoire des membres de l'Académie françoise, morts depuis 1700 jusqu'en 1771, par d'Alembert. *Paris, Moutard,* 1787, 6 vol. in-12, bas. marb. (1).

1094. Histoire des ouvrages des savants. *Rotterdam*, 1688-98, 11 vol. in-16, v. ant., *incomplet.*

1095. Congrès scientifique de France, session tenue à Angers en 1843. *Angers et Paris*, 1843, 2 tom. en 1 vol. in-8º, d.-rel. bas., *cart. et pl.*

1096. Congrès scientifique de France, quinzième session tenue à Tours en 1847. *Tours et Paris*, 1848, 2 vol. in-8º br.

1097. Mémoires et publications de la Société d'agriculture, sciences et arts d'Angers. *Angers,* 1838-58, in-8º, en vol. et en livr. br.

3. Biographie.

A. Biographie générale.

1098 Le grand Dictionnaire historique, par Morery, avec le supplément. *Paris, Thierry,* 1687-89, 3 vol. in-fol. v. ant.

1099. Dictionnaire historique et critique, par Bayle. *Rotterdam, Reiniers Leers,* 1697, 4 part. en 2 vol. in-fol. v ant. *Bel état.*

1100. Dictionnaire historique ou biographie universelle par Feller, continuée sous la direction de Henrion, 8e éd. *Paris, Méquignon,* 1832-35. 20 vol. in-8º br.

1101. Le même dictionnaire, rev. par Henrion. *Paris, Périsse,* 1838, 4 vol. gr. in-8º, d.-rel. v. vert. (1).

1102. Dictionnaire biographique et bibliographique portatif des personnages illustres de tous les siècles et de tous les pays, par L. G. P. *Paris, Hucquart*, 1813-15, 4 vol. gr. in-8° br. *1,200 portr. en 100 pl.* (2).

1103. Nouvelle biographie générale, pub. par Firmin Didot frères, sous la direction de Hoefer. *Paris*, 1854-57. 21 vol. in-8°, br. En cours de publication.

1104. Dictionnaire historique portatif, par l'abbé Ladvocat. *Paris, Vᵉ Didot*, 1740, 2 vol. in-8°, v. ant.

1105. Nouveau Dictionnaire historique, par une société de gens de lettres (par Chaudon), 6ᵉ éd. *Caen, Le Roy*, 1786, 8 vol. gr. in-8° bas.

1106. Dictionnaire historique, par Noël *Paris*, 1806, in-8°, d.-rel.

1107. Portraits et histoire des hommes utiles de tous pays et de toutes conditions, pub. par la société Monthyon et Franklin. *Paris, Lebrun*, 1837-42, 3 vol. gr. in-8°, d.-rel. chag. violet. *200 portr. sur acier.* (2).

1108. Le Plutarque français, Vies des hommes et femmes illustres de la France, pub. par Ed. Mennechet. *Paris, Crapelet*, 1838-40, 8 tom. en 4 vol. très-gr. in-8°, d.-rel., *portr. en pied sur acier.* (1).

1109. Le Plutarque français, Vies des hommes et des femmes illustres de la France, depuis le vᵉ siècle jusqu'à nos jours, avec leurs portraits en pied, gravés sur acier, ouvrage fondé par Mennechet, 2ᵉ éd. pub. par Hadot. *Paris, Langlois et Leclerc*, 1844-47, 6 vol. gr. in-8°, d.-rel. chag. vert. *fig.* (2).

B. Biographies particulières et spéciales.

1110. Les vies de Cornélius Nepos, trad. nouv. par de Calonne et Pommier (avec le texte). *Paris, Panckoucke*, 1837, in-8°, d.-rel. chag. grenat. (1).

1111. Eloges académiques, par Bertrand Barrère. *Paris, Renouard*, 1806, in-8°, d.-rel.

1112. La vie du Cid, trad. de l'espagnol de Quintana, par O. P... *Rouen, Baudry*, 1837, in-8° br.

1113. Histoire de Fénelon, par le cardinal de Bausset. *Versailles, Lebel*, 1817, 4 vol. in-8°, d.-rel., *portr.* (1).

1114. La vie de Voltaire, par M. (Condorcet). *Genève*, 1784, in-8°, bas. rac. (1).

1115. Vie de Voltaire, par Mazure, *Paris, Eymery*, 1821, in-8°, bas. rac., *portr.* (1).

1116. Histoire de la vie et des ouvrages de Voltaire, par Paillet-de-Warcy. *Paris, Dufriche*, 1824, 2 vol. in-8°, bas. rac., *portr. et fac-simile.* (1).

1117. Les Confessions de J.-J. Rousseau, vignettes de T. Johannot, C. Nanteuil et autres. *Paris, Barbier*, 1846, gr. in-8°, d.-rel. chag. rouge, tr. dor., *fig.* (2).

1118. Mémoires historiques sur la vie de M. Suard, sur ses écrits, par Garat. *Paris, Belin*, 1820, 2 vol. in-8°, d.-rel. (1).

1119. Œuvres choisies de Sylvio Pellico (ital.-franç.). *Besançon*, 1835, 2 vol. in-16 br. *portr.*

1120. Barnave, par J. Janin. *Paris, Levasseur*, 1831, 4 vol. in-12 br.

1121. Biographie de tous les ministres depuis 1791 jusqu'à nos jours. *Paris*, 1825, in-8° br.

1122. Dictionnaire des Girouettes, ou nos contemporains peints par eux-mêmes, par une société de Girouettes. *Paris, Eymery*, 1815, in-8° br.

1123. Les Contemporains, par Eugène de Mirecourt : Béranger, Déjazet, Dumas père, Dumas fils, Falloux (de), Gavarni, Girardin (Emile de), J. Janin, Lamartine, Mirecourt (de), Nerval (Gérard de), Rachel, Raspail, Sand (Georges), Veuillot (Louis). *Paris*, 1854-56. 15 brochures in-16, *portr. et fac-simile.*

4. Bibliographie.

1124. Bibliographie instructive, ou traité de la connaissance des livres rares et singuliers, par de Bure. *Paris, de Bure*, 1773-78, 7 vol. gr. in-8°, v. marbr., fil. dor.
> Bel exemplaire.

1125. MANUEL DU LIBRAIRE et de l'Amateur de livres, contenant un nouveau dictionnaire bibliographique et une table en forme de catalogue raisonné, par Brunet, 4e éd. originale. *Paris, Sylvestre*, 1842-44, 5 vol. gr. in-8° à 2 col., d.-rel. chag. grenat.

> Edition entièrement épuisée et dont le haut prix continue à se maintenir, malgré l'annonce d'une 6e édition, promise depuis long-temps. Le grand âge de l'auteur ne permet guère d'espérer voir s'accomplir l'impression d'une œuvre aussi importante.

1126. Dictionnaire historique des auteurs ecclésiastiques, avec le catalogue de leurs ouvrages. *Lyon (Avignon)*, Ve *Bessiat*, 1767, 4 vol. in-8° bas.

1127. Bibliographie agronomique, ou Dictionnaire raisonné des ouvrages sur l'économie rurale et domestique, etc., par de Musset. *Paris, Colas*, 1810, in-8° br.

1128. Catalogue raisonné des manuscrits de la bibliothèque de Genève, par Senebier. *Genève, Chirol*, 1779, in-8°, bas. marb.

1129. Index librorum ab inventa typographia, ad annum 1500; chronologice dispositus, cum notis; auctore Laire. *Senonis, Tarbé*, 1791, 2 vol. in-8°, bas. marb.

> Catalogue des éditions du xve siècle de la bibliothèque du cardinal Loménie de Brienne.

1130. Catalogue des livres de la bibliothèque de la maison professe des ci-devant soi-disant Jésuites. *Paris, Pissot*, 1763, in-8°, bas. marb.

> Ce Catalogue comprend les livres dépendant des bibliothèques de Ménage et du fameux Huet, évêque d'Avranches. — *Prix manuscrits.*

MÉLANGES ET ENCYCLOPÉDIES.

1131. Valère Maxime, faits et paroles mémorables, trad. nouv. par Frémion (avec le texte). *Paris, Panckoucke*, 1834-35, 3 vol. in-8°, d.-rel. chag. grenat. (1).

1132. Histoires choisies des auteurs profanes, traduites en françois, avec le latin à côté (par Simon). *Basle, Tourneisse*, 1775, 2 vol. in-12 bas. (1).

1133. Encyclopédie élémentaire, ou introduction à l'étude des lettres, des sciences et des arts , par l'abbé de Petity. *Paris, Herissant*, 1767, 2 vol. en 3 part. in-4º, v. marb., *fig.*

1134. Encyclopédie du xixᵉ siècle, par Vanderest. *Paris, Hachette*, 1843, in-8º br.

1135. Le Spectacle de la nature (par Pluche). *Paris, Vᶜ Estienne*, 1739-46, 7 vol. in-12, v. ant., *fig.*

1136. Le même ouvrage. *Paris , Estienne*, 1768 , 8 vol. in-12, v. marb. *fig.* (1).

1137. Dictionnaire de la conversation et de la lecture. *Paris, Belin-Mandar*, 1832-39, 104 livr. formant 52 vol. — Supplément à ce Dictionnaire. *Paris , Garnier*, 1844, 6 livr. formant 3 vol ; le tout in-8º br.

1138. Dictionnaire de la conversation à l'usage des dames et des jeunes personnes, pub. sous la direction de W. Duckett. *Paris, Charpentier*, 1841, 10 vol. in-12 br., *cart. et fig.*

1139. Le Magasin pittoresque, 1833-34, tom. 1 et 2, in-4º, carton. (2).

1140. Musée des Familles, 1833-35, tom. 1 et 3, in-4º, d.-rel. (2).

1141. Musée des Familles, de mars 1844 à septembre 1848 sans interruption , in-4º, en livraisons.

JOURNAUX.

1142. Mercure de France (suite publiée par Panckoucke). *Paris, de septembre 1781 à juin* 1791, réuni, sauf quelques livraisons, en 34 gros vol. in-12 carton. (1).

1143 La décade philosophique, littéraire et politique (pub. par Panckoucke) , *du* 20 *pluviose an* ix *à la fin de* 1806 ; série complète en 16 vol. in-8º carton.

1144. La Semaine encyclopédique de la presse périodique, avec gravures et illustrations. (*Du* nº 1ᵉʳ, *octobre* 1845, *à janvier* 1851, sans interruption.) 10 vol. in-fol. carton.

1145. L'Ami des Sciences , journal du dimanche , pub. par Victor Meunier. *Paris , janvier* 1855 *à janvier* 1858 ; 3 années complètes en 3 vol. in-4º *carton.*

1146. Le Globe industriel, agricole et artistique illustré. *Paris*, 1855-56, 2 vol. très-gr. in-4°, l'un carton. lustrine, l'autre en livraisons.

> Ces 2 vol. sont consacrés presque exclusivement à la revue de l'exposition universelle de 1855.

1147. La Science pour tous, journal illustré paraissant tous les jeudis (*du* 13 *décembre* 1855 *au* 28 *juin* 1860), 4 vol. complets et ce qu'il y a de paru du 5e, in-4° br. et en livraisons.

1148. Journal du Dimanche, gazette universelle de la semaine (illustrée), nos 1 à 45, 1846-47, les 2 prem. vol. in-4° en livraisons. (2).

1149. Journal pour tous, magasin hebdomadaire illustré; nos 1 à 208 (7 *avril* 1855, *au* 26 *mars* 1859), 4 années en 4 vol. gr. in-4°, d.-rel chag. vert et nos 209 à 256 (2 *avril* 1859 *au* 25 *février* 1860), gr. in-4° en livraisons. (2).

1150. Le même journal, nos 1 à 208. 1855-59, in-4° en livraisons.

1151. Les Cinq centimes illustrés, journal hebdomadaire, *années* 1856-57-58 en 3 vol. gr. in-8°, d.-rel. bas. violette, *année* 1859 et 1 à 18, *année* 1860, gr. in-4° en livraisons. (2).

1152. La Ruche parisienne, journal illustré, paraissant tous les samedis; nos 1 à 104 (*du* 1er *novembre* 1856 *au* 23 *octobre* 1858), 2 années complètes en 2 vol. gr. in-4°, d.-rel. chag. violet: nos 105 à 174 (*du* 1er *novembre* 1858 *au* 25 *février* 1860), gr. in-4° en livraisons. (2).

1153. Le Voleur, journal hebdomadaire, série illustrée, nos 1 à 104 (*du* 5 *novembre* 1856 *au* 29 *octobre* 1858), 4 tom. en 2 vol. gr. in-4°, d.-rel. bas. bleue, et nos 105 à 173 (*du* 5 *novembre* 1858 *au* 24 *février* 1860), gr. in-4° en livraisons. (2).

1154. L'Omnibus, journal littéraire illustré, nos 1 à 312 (*du* 6 *décembre* 1855 *au* 26 *décembre* 1858, tom. I à VI en 3 vol. gr. in-4°, d.-rel. bas. grenat, et nos 313 à 434 (*du* 30 *décembre* 1858 *au* 26 *février* 1860), tom. VII, VIII, et le commencement du IXe, gr. in-4° en livraisons. (2).

1155. Le Monde illustré, journal hebdomadaire, nos 1 à 150 (*du*

18 *avril* 1857 *au* 25 *février* 1860), 5 vol. complets et le com-mencement du 6e, gr. in-4º en livraisons. (2).

1156. Le même journal, nos 1 à 142 (*du* 18 *avril* 1857 *au* 1er janvier 1860), 5 vol. complets, gr. in-4º, carton. et br.

1157. L'Univers illustré, journal hebdomadaire, nos 1 à 58 (*du* 1er *janvier* 1858 *au* 25 *juin* 1859), 3 tom. en 1 vol. in-fol carton.

TABLE

DES DIVISIONS DU CATALOGUE

THÉOLOGIE.

BELLES LETTRES.

HISTOIRE.

Angers. Imp de Cosnier et Lachèse.